大展好書　好書大展
品嘗好書　冠群可期

大展好書　好書大展
品嘗好書　冠群可期

命理與預言 72

斗數畫人生

林虹余／著

大展出版社有限公司

前言

「紫微斗數」到目前為止，有很多門派。有中洲派、南派、北派、華山派，而其中以「中洲派」最為代表。到現今台灣研究紫微斗數者眾多，各門派紛紛而起，自稱其為上師者實有人在。

由於門派眾多，就會產生彼此互相攻訐，其各自標榜在學術輿論上難免亦多牽強附會，執古人的片言文字來加以發揮。因為那時代的人文時空背景不一樣，而用在現今工商發展的社會，實有一段差距，所以，我們學習紫微斗數應以古人留下來的智慧與學術來加以研究。如果一定要說誰對誰錯，必然引發不必要的紛爭。

所以，筆者以平常心在此慎重的告訴各位，要把紫微斗數學好，那就先要打好基礎。多讀一些有關斗數的書籍，然後多聽、多了解，最重要的命盤要看多，也就是累積經驗談，這樣才能融匯貫通，其他也就不必理會各門派異同聲音了。

在紫微斗數易學難精的情況之下，筆者因此決心盡一份棉薄見解，提供給有心學好紫微斗數者一愚之見，余才疏學淺，遺漏難免，盼同道先進，不吝指正。

癸未年冬　林虹余

目錄

一、紫微斗數的由來

1.春秋戰國時為占星術，至宋朝陳希夷整理完成。

2.宮位依黃道十二宮劃分天干帶動支，從子到亥，從命到父母，以理人事萬象。宮為十二宮，實為六宮以內外一體，故逢七一變，共七七四九變，此為易經復卦所云：「七日來復」。

3.對宮為外象，和本命互為交流，一陽一陰，一裏一外，成四十五角度。

4.中國古代天文學家，把天空分為三垣、四向、二十八宿。三垣，為紫微垣、太微垣、天市垣，其中以紫微垣位於天頂北端，為宇宙天體中心，內有北辰，北辰第二個星為太一，又名太極，為今稱之北極星，也可稱為紫微星。整個星空皆以此為中心逆時針旋轉，由此可知，北辰太一具有巨大的磁場與能量，否則不能控馭北斗而轉運周天之群星。地球上的生命力、脈動，無時不受整個宇宙星空的影響，因此，便以領導整個星空脈動的紫微星為代表，用以評斷人事的吉凶悔吝，正如淮南子天文訓所說：「帝張羅，運之北斗。」故名紫微斗數。

二、紫微斗數的研究方法

1.專以星曜的性質、會合、及其廟、旺、利、陷為推斷的依據。
2.專以四化星和流祿、流羊、流陀，所顯示的吉凶為推算的依據。
3.以五行相生相剋、制化的原理為依據。

三、閏月的深討

閏月的產生是因為農曆大月為三十天，小月為二十九天，並依二十四節氣分佈七十二候，一候五天，一年為三百六十五天，和陽曆差五天四小時，因此，每五年就差二十六天，以五年二閏來補足，十九年會有七次閏月，完全是曆法上的運用而已。

至於紫微斗數閏月的算法，依陳希夷仙師所述的本月上弦就本月論，起過下弦也就是本月十六日以後做下月閏。

四、立命的原理

1.由月與時出月順行，由地球公轉導出，地球公轉為一年，分為十二等份，則一月過一等份。

2.**原因**：時逆行由地球自轉導出，自轉一圈為一日分十二等份，所以一順一逆，一陽一陰，陰陽交媾就產生生命。

3.全局亦分陰陽，近命宮者主內事為陰「如：福德宮、父母宮、命宮、兄弟宮、夫妻宮、子女宮」。

4.遠命宮者主外事為陽「如：財帛宮、疾厄宮、遷移宮、奴僕宮、官祿宮、田宅宮」。

5.三合關係，看任何一宮順看三合之各宮，不可先看對宮，以命宮為準。

五、五行相生與相剋

1.**五行相生**：金生水、水生木、木生火、火生土、土生金。

2.**五行相剋**：水剋火、火剋金、金剋木、木剋土、土剋水。「五行」是宇宙間的五種物質，就是金、木、水、火、土。都有他的動態。

木的動態是向四方放射 ←↑↓→

土的動態是左右穿梭 ←→

金的動態是向中凝聚 →↓↑←

火的動態是向上蒸散 ↑↑↑

水的動態是向下滲透 ↓↓↓

（以上是陳立夫先生的解釋）

六、五行相生原理

1.水以滋潤，大自然草木乃能生長↓水生木。
2.木經鑽磨，熱而生火↓木生火。
3.任何物質經火煉，或燒過剩下之塵煙，灰盡都是土的混合物質↓火生土。
4.礦土經過陶冶，得金屬質體↓土生金。
5.經過冷卻了金屬質體，蒸氣很容易在它的上面凝出水滴↓金生水。

七、五行相剋的原理

1.水噴在烈火上，火很快熄滅了↓水剋火。
2.火經燒煉後，著金屬質體，金刃削融了↓火剋金。

3.木植根的地方，土給鑽穿了，地質被分耗了↓木剋土。
4.土堵著水，水濁了，凝固了↓土剋水。
5.金是銳刃的砍著木，木已折斷了↓金剋木。

八、十天干

陽 甲丙戊庚壬
陰 乙丁己辛癸

九、十二地支

陽 子寅辰午申戌
陰 丑卯巳未酉亥

十、十二天干屬性

甲屬木、丙屬火、戊屬土、壬屬水、庚屬金、乙屬陰、丁屬火、巳屬金、辛屬金、癸屬水。

十一、十二地支屬性

子屬水、寅屬木、辰屬土、午屬火、申屬金、戌屬土。丑屬土、卯屬木、巳屬火、未屬土、酉屬金、亥屬水。

天干地支反應大自然現象，我們特別敘述天干，以增加大家的印象，餘可類推，每一天干的屬性。

甲屬陽、大樹、屬木；

乙屬陰、小草、屬木；

丙是陽、太陽、屬火；
丁是陰、燭火、屬火；
戊是陰、大土、屬土；
己是陰、濕土、屬土；
庚是陽、礦金、屬金；
辛是陰、飾金、屬金；
壬是陽、大水、屬水；
癸是陰、雨露、屬水；

其中陰與陽互為因果，而五行則產生生剋的道理。

天干地支源自殷周。然陰陽五行之說，把十天干稱為天干，十二地支稱為十二地支，天干為軸心，而大地之氣則以十二地支為主，它既是自然運行之曆數，同時根據天、地的運氣，萬物因而得以各自變化而成。

十二、天干的沖剋合化

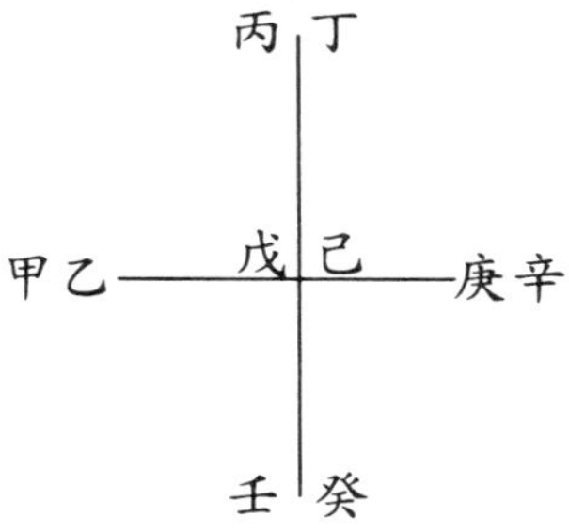

甲乙安在左青龍，丙丁安在前朱雀，庚辛安在右白虎，壬癸安在後玄武，戊己安在太極位。天干排列成一八〇度稱為沖。

甲庚相沖、乙辛相沖、丙壬相沖、丁癸相沖、戊己居中無沖、丙庚相剋、丁辛相剋、丁壬相剋。

十三、河圖配天干合化

一六共宗居北、二七同道居南、三八為朋居東、四九為友居西、五〇居中太極位。

配天干為甲己居北、乙庚居南、丙辛居東、丁壬居西、戊癸居中。

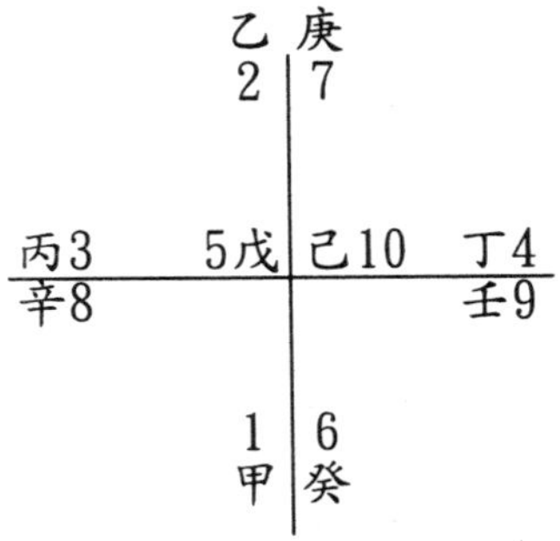

怎樣知道甲己合化「土」、乙庚合化「金」呢？『協記辨方』一書對於合化提出的理由是「逢龍則化」即天干的剋合是逢龍而已，龍在地支代表「辰」，在一年則三月。

甲己年三月份皆為戊辰月，戊五行為土故甲己合化土。

乙庚年三月份為庚辰月↓合化金。

丙辛年三月份為壬辰月↓合化水。

丁壬年三月份為甲辰月↓合化木。

戊癸年三月份為丙辰月↓合化火。

十四、地支六沖

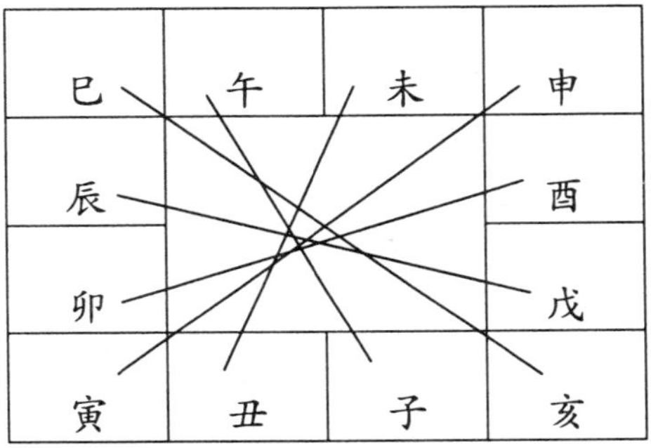

上表是地支的自然定位，結構有相對的關係。且陽支對陽支，陰支對陰支。每隔七位，合乎即所謂相沖，為區別天干相沖，也稱「六沖」。

有子午沖、丑未沖、寅申沖、卯酉沖、辰戌沖、乙亥沖。

十五、地支三合

寅午戌三合火局、申子辰三合水局、巳酉丑三合金局、亥卯未三合木局。

地支三合是取十二長生的長生、帝旺、墓庫合為局的。地支三合的三角關係成一八〇度的結構，而今日的物理學家告訴我們，三角是最穩定的結構體。

十六、地支六合

六合者以月建與月將為相合。正如月建寅，月將在亥，故寅與亥合。具體說明即日、月相會，將太陽行於黃道十二宮，正月地球繞於太陽的寅宮，而日、月相會，月亮正好在亥宮。

子丑合化土、寅亥合化木、卯戌合化火、辰酉合化金、巳申合化水、午為太陽、未為太陰。

關於六合，也是根據『協記辨方』一書解釋而來的。

十七、月令五行

一、二、三月春（屬木）

四、五月夏（屬火）

六月（中央土）（屬土）

七、八、九月秋（屬秋）

十、十一、十二月冬（屬水）

十八、地支相刑、相穿

（相刑）

子卯、寅巳、巳未、辰午、戌未、丑戌、酉亥。

（相穿）

子未、丑午、卯辰、酉戌、申亥、卯丑。

十九、五行旺相

春：寅、卯、辰。（一、二、三月屬木）

夏：巳、午、未。（四、五、六月屬火）

秋：申、酉、戌。（七、八、九月屬金）
冬：亥、子、丑。（十、十一、十二月屬水）

二十、十二地支所屬

子（鼠）、丑（牛）、寅（虎）、卯（兔）、辰（龍）、巳（蛇）、午（馬）、未（羊）、申（猴）、酉（雞）、戌（狗）、亥（豬）。

二十一、六十甲子組合要件

1. 陽天干一定要找陽地支組合。
2. 陰天干一定要找陰地支組合。

因甲為天干之首，子為地支之首，故簡稱六十甲子，或六十花甲子。又干支組成天十花甲，每組合又另成五行，稱為納音。

二十二、六十花甲納音

甲子乙丑海中金、丙寅丁卯爐中火、戊辰己巳大林木。
庚午辛未路旁土、壬申癸酉劍鋒金。
甲戌乙亥山頭火、丙子丁丑潤下水、戊寅己卯城頭土。
庚辰辛巳白蠟金、壬午癸未楊柳木。
甲申乙酉泉中水、丙戌丁亥屋上土、戊子己丑霹靂火。
庚寅辛卯松柏木、壬辰癸巳長流水。
甲午乙未沙中金、丙申丁酉山下火、戊戌己亥平地木。
庚子辛丑壁上土、壬寅癸卯金泊金。
甲辰乙巳覆燈火、丙午丁未天河水、戊申己酉大澤土。
庚戌辛亥釵釧金、壬子癸丑桑拓木。
甲寅乙卯大溪水、丙辰丁巳沙中土、戊午己未天上火。

庚申辛酉石榴木、壬戌癸亥大海水。
算六十納音，亦可用一簡訣來決定：
甲乙錦江煙（金水火）丙丁沒谷田（水火土）
戊己營堤柳（火土木）庚辛掛杖錢（土木金）
壬癸林鐘滿（木金水）花甲納音全。子寅辰、午申戌、丑卯巳、未申亥
例如，算丙辰納音，依丙丁沒谷田訣：「沒谷田」的偏旁即水火土。以子丑配水、寅卯配火、辰巳配土。故丙辰納音土。又如推壬申納音，依壬癸林鐘滿：「林鐘滿」的偏旁即木金水，以午未配木，申酉配金、戌亥配水。故壬申納音為金。

二十三、年干的求法

例：民國三十四年農曆八月十五日卯時生（男）
民國年數減二後，取其差數的個位數，若為零，視為十。參考後頁圖年干表。

二十四、年支的求法

民國年數除以十二，取其餘數，若無餘數，視為十二，參考左圖年支表。

34－2＝2→個位數2為乙

34÷12＝10→餘10為酉

所以民國三十四年為乙酉年，年干為乙，年支為酉。

	地支		天干	
月令	年支	餘數	年干	位數
十一月	子	1	甲	1
十二月	丑	2	乙	2
正月	寅	3	丙	3
二月	卯	4	丁	4
三月	辰	5	戊	5
四月	巳	6	己	6
五月	午	7	庚	7
六月	未	8	辛	8
七月	申	9	壬	9
八月	酉	10	癸	10
九月	戌	11		
十月	亥	12		

二十五、紫微斗數基本術語

1.**正曜**：指紫微、天機、太陽、武曲、天同、廉貞、天府、太陰、貪狼、巨門、天相、天梁、七殺、破軍等十四星曜。

2.**輔曜**：指左輔、右弼、天魁、天鉞四曜。

3.**佐曜**：指文昌、文曲、祿存、天馬四曜。

4.**空劫**：指地空、地劫二曜。

5.**化曜**：指化祿、化權、化科、化忌四曜。

6.**刑曜**：指擎羊及天刑。

7.**煞曜**：指火星、鈴星、擎羊、陀羅四曜，又稱「四煞」。有時亦將地空、地劫包括在內。

8.**文曜**：指化科、文昌、文曲、天才、龍池、鳳閣六曜。

9.**忌曜**：指化忌及陀羅。

10. **桃花**：指紅鸞、天喜、咸池、大耗、天姚、沐浴六曜。廉貞貪狼雖有桃性質。

11. **科名**：除上述文曜外，加上三台、八座、恩光、天貴、台輔、封誥、天官、天福等曜。

12. **空曜**：指空劫與天空。截空、旬空亦可算作空曜，但力量較弱。

13. **本宮**：即主事的空位。如看財帛宮、視財帛宮。財帛宮即是本宮。

14. **對宮**：與本宮相對的官位。其關係為「六沖」。如寅申一沖，寅宮與申宮即互成對宮。

15. **合宮**：與本宮成三角關係的宮位。如三合寅午戌、申子辰、巳酉丑、亥卯未。

16. **四正**：三方加上對宮、稱為四正。

17. **三方**：本宮及合宮、總稱為三方。

18. **坐守**：正曜入纏本宮，稱為坐守。如本命有紫微正曜，簡稱紫微守命。

19. **沖**：凡煞忌諸星見於三方正四，稱為沖，斗數的沖，跟「子平」的六沖不同。有時亦稱為沖破。

20. **同度**：星曜同纏一空。如除紫微坐守外，宮內又見他星曜同度。

21. **相夾**：兩星曜位於本宮鄰宮，稱為相夾。如羊陀夾命。

22. **拱照**：星曜見於對宮。如七殺坐守，對宮紫微天府，稱為紫微拱照，有時又稱朝拱。

23. **會照**：星曜見於三合宮。如七殺在中宮坐守，貪狼坐辰，破軍坐子，故稱為貪破會照。

24. **見**　：凡星曜會合於三方正四，統稱為見。

25. **日月**：指太陽、太陰二正曜。

26. **坐旺**：星曜狀態雖不如入廟時之佳，但卻坐臨旺宮，星曜依然有力。

27. **入廟**：星曜處於最佳狀態。有如星曜受人供奉，故稱為「入廟」。

28. **落陷**：星曜處於最不適宜的環境，以致吉曜無力，凶曜增凶。

29. **借星**：凡本宮無正曜，則借對宮星曜入本宮推算，稱為借星。

30. **垣**　：即是宮的別名。有時又合稱為宮垣。

二十六、紫微斗數的十二宮位

1.**命宮：**代表一個人的內在與修養及自我了解潛在能力，在配合星曜就能了解你的個性、思想與行為，甚至你潛意識、相貌特徵等等，都可以從命宮看得出來。

2.**兄弟宮：**看兄弟姊妹的手足之情與互動關係，甚至可看兄弟是否助力跟緣份，對事業方面是否相互支援。

3.**夫妻宮：**可看配偶的形態、關連以及精神生活的情況，如何選擇終身的伴侶，婚後是否幸福美滿，可知對方配偶的相貌與個性。

4.**子女宮：**如何教育規劃子女的才華，是否成龍成鳳，將來長大是否孝順父母，跟父母緣份與代溝從子女宮可看出來。

5.**財帛宮：**「財為養命之源」。賺錢謀生方法很多，但賺到手後如何去規劃理財投資是重要的。很多人很會賺錢，但不懂得理財，到後來前手接錢後手空的下場。我們從財帛宮可以看出端倪。

6.疾厄宮：所謂「疾」是內心的病，是自己了解的。「厄」是外來的傷害。如：車禍、空難等等。疾厄宮是可預知的，還可及早預防，也可了解自己的體質和遺傳性的疾病。

7.遷移宮：是代表一個人的表現能力。由於涉及人際關係人與人的互動技巧。因此，對錢財與事業都有關連，這點要特別注意。遷移宮也可看出外的吉凶運氣（包括出國、求職與搬家、旅行等等），配合大運或流年就可知道吉或凶。

8.奴僕宮：如何開發人與人之間的用人哲學與領導能力，如何「知人善任」？是否統御管理人事成功的策略，以及對員工與部屬能增強向心力和忠誠度，使你的人際關係更好。

9.官祿宮：看與前輩的關係、就業情況、職業的吉凶。最重要的是對自己的事業規劃以及經營策略，除了對自己選擇能發揮的行業以外，還必須探討與同業之間，你應採取何種經營策略才能致勝。

10.田宅宮：代表一個人的置產獲利，財庫是否富足。田宅宮也可看出一個人的人性好壞。何宅從田宅宮了解財庫的旺弱?是否做長期性的投資?賺來的錢是否留得住。

11.福德宮：是代表一個人物質享受是否幸福，跟潛在意識以及一個人的福澤。也可預知一生的「福」、「祿」、「壽」，如何調和精神生活與物質生活，獲致均衡幸福的人生。

如何避免「破財」?如奴僕宮和福德宮大限、流年都有煞忌星沖破，千萬不要把錢借給別人，以免破財。

12.父母宮：看父母的吉凶與父母的緣份和從父母所得恩惠的程度。以及父母的助力。

二十七、立命十二宮之特性

1.子、午、卯、酉：

為人一生漂泊不定，好酒色，喜歡無拘無束，在感情方面比較複雜，喜交遊，再配合星情若是桃花星坐命如貪狼、天姚、咸池、紅鸞、天喜、廉貞等等，則應驗飄蕩，因子午卯酉為桃花，也是四敗之地，更為明顯。

2.辰、戌、丑、未：

四墓四庫之地，個性比較保守且孤獨，離祖離宗，再配合太陽、太陰、或是七殺、破軍、貪狼等星那變動更應驗（丑未為日月交會）。破軍星巨門星坐命則比較孤獨，因破軍星為子女星，又是耗星坐命剋子女，巨門星也不利子女宮，因巨門星是非之星，故應驗更孤獨。

3.寅、申、巳、亥：

為四生四馬之地，立命在這四個宮位再配合屬動的星如太陽、太陰星，比較勞碌因四馬為奔馳屬動。四馬也是財星故較辛勞。自尋苦惱，再逢祿馬交馳等喜動的星，則此種現象更明顯。如命坐比較穩重的星如天相、天府便產生平衡的狀況，則勞碌的情況就會減少。如命座殺、破、貪星在此宮位，也一樣較勞碌。因這幾顆星都是屬動的星。又寅申巳亥依易經所載是屬於雙的宮位。

巳	午	未	申
辰			酉
卯			戌
寅	丑	子	亥

寅：為人馬宮

申：為陰陽宮

巳：為雙鯉宮

亥：為雙魚宮

在此四宮位又坐雙主星時，則此人的一生的事業變換很大，或者同時進行兩種職業以上的工作。

二十八、紫微斗數星情介紹

•紫微星：

屬巳土、陰、乃南北斗中天之尊星，化帝座，為官祿主，延壽，有制化之功。

△紫微星能化殺為權，因紫微為皇帝能賜與七殺權力、權威，故紫微七殺喜當老大。

△紫微坐命的人忠厚而老成，喜發號令、氣質不錯、穩重、能屈能伸。不喜獨坐，若無其他的星來扶佐有如孤君，做事一意孤行，苦悶異常。在天羅地網，也就是辰、戌二宮坐守，在沖破，實難展其才。

△紫微在四化不喜化權，名勞祿，喜化科（名）有名氣，地位高。

△紫微星不喜在奴僕宮，尊星列賤位主人多勞。

△紫微星在田宅宮一生住的房屋比較高，或地勢高。

△紫微星在官祿宮有創業的慾念，尤遇到大限、流年官祿宮化權，創業之心更甚。

△紫微星在福德宮男命理想高，但如果無法達成是很痛苦的，則女命比較安逸。

•天機星：

乙木、屬陰化氣為善，為兄弟主，南斗第三益善之星。

△天機星心地善良，天機逢四殺也善三分，天機加惡煞同宮狗偷鼠竊，在丑未二宮雖品性不好，但心地善良，不會對可憐的人下手。

△天機星坐命則佔到兄弟的位，故會與兄弟無緣。

△天機星化忌，時易有精神幻想症，頭腦好、反應快，祇是想得多實行少。另有一說算命的走天機化忌，算命特別準。

△天機星逢流年或小限，則有環境的變動，尤其在四生四馬之地在逢天馬時則遠離他鄉。

△天機星於身命主不長不短，聰明秀麗，性急好善。有點固擇，機謀多

變，從事外務、策劃、秘書、參謀的工作最好。

● 太陽星：

丙火屬陽。化氣為權貴為官祿主，為南北斗中天吉星，化貴。

△太陽星男為父、女為夫主。於人身命中，為人豪爽、熱心、責任心重、光明磊落、性急、好強、事業心重、不計較、喜交遊。

△太陽星在官祿宮有創業心，因太陽為官祿主，又逢化權時，創業跡象更明顯。

△太陽星最怕羊刃與陀羅，流年逢太陽，流月見羊陀，則眼睛會有點不舒服。

△太陽星見羊陀，則為破局、太陰亦同。

△太陽星限遇化忌、破財，在官祿宮，則必加班，增加勞碌。

△太陽星不喜落陷，在未、申為偏祖（日落西山），做事無恒，虎頭蛇尾。

△太陽星在午宮居命，相當跋扈。

△加化忌，或四煞星沖破在逢天哭、行運逢之易有陽性親喪亡。

△太陽星女命在辰、巳二位居命，而春夏二季生的人，則聲音有點沙啞。

●武曲星：

屬金、陰、北斗第六星。化財為財帛主。

△武曲星坐命最忌行貪狼之運或流年，又有桃花星為敗運。

△武曲星在辰、戌，對宮為貪狼，此格當老闆則一定會虧本。

△武曲星不適女性，為寡宿之星，女命為職業婦女，但婚姻多摩擦因個性剛強之故。

△武曲星化祿為進財，化忌為退財。

△武曲星喜化權，因武曲星為財帛星，若化權變為有錢又有勢，巨門、武曲這兩顆星最喜化權。

△武曲星化忌，車禍刑傷或破財，流年或大限武曲在財帛宮則必破財。

●天同星：

屬陽化氣為福，主福德，壽星能解厄制化。

△天同星在寅、申、巳、亥、女命容易與人同居，因水旺、在子為同陰，在丑為同巨，此四宮之子女命容易有感情波折，但是人緣很好，又有孩子氣，會撒嬌，得人寵，故四宮女命很多是姨太太。

△天同星不喜化祿，天同為福星若加化祿，則更懶，沒有衝勁。

△天同星最喜在福德宮，能享受，但很懶。

△天同星化忌則必須有衝勁。

△天同星坐命喜過優閒人生，很注重生活品質。

●廉貞星：

丁火屬陰，化氣為囚，司品秩與桃花，亦為官祿主。

△廉貞星最怕逢貪狼，此兩星同宮在巳、亥宮，皆為桃花星，坐命行限相逢有感情挫折，或糾紛。

△廉貞星化祿最佳，表示含苞待放的桃花，已經盛開，故行運限至此會為結婚的對象（夫妻宮或小限行至大限夫妻宮而論）。

△廉貞星女命能清白，能相守，不會亂來，但廉貞最怕化忌，則變為壞

的桃花，若女命本命廉貞化忌或事業宮或流年逢之，易入風塵。男命命宮廉貞化忌，則喜酒色，亂來。

△廉貞星女命在申宮女孩溫柔有禮。

△廉貞星在子、午宮適合公職。單守加天空，地刦有專門技術。

△廉貞星化忌大小二限逢煞會有殘疾。

△廉貞星加羊刃，陀羅一生中是非多多。

•天府星：

戊土屬陽，化氣為權令，有解厄制化，是財帛主，也是田宅主。

△天府星不喜與文昌同宮，多恨，恨得也深（經驗談）。

△天府星本命對宮有四煞星來沖，也最奸詐，喜享受。

△天府星風流，喜施號令，凡事自己不動手，保守，忠厚，心情溫和。

△天府星制羊、陀為善，化火星、鈴星為福，有解厄制化作用。

△天府星女命長相清秀高雅，加文昌、文曲有貴夫人之相，但城府深、好面子、口氣大。

△天府星行財帛宮，易有購置不動產。

△天府星在卯、酉二宮是標準的領導型人物，但很享受。

● **太陰星：**

癸水屬陰，化氣為水之精，司田宅主。

△太陰星落陷有感情挫折（流年大小二限亦同）。

△太陰星女命化忌，則有點神經質（乙年驗，庚年比較不驗）。

△太陰化忌，精神、勞碌、奔波、痛苦。

△太陰星在夫妻宮之限，有書信往來，或要參觀文藝活動的現象。

△太陰星代表母親、妻子、女兒。

△太陰星女命下陷居命宮，則有潔癖。

△太陰星男女居命要注意眼睛的疾病。

△太陰星居田宅宮，若沒有其他煞星沖破必有不動產。

● **貪狼星：**

甲木性屬水，化氣為桃花，主禍福，亦稱財星亦是壽星，解厄之神。

△貪狼星重享受，為慾望之神。心肝大。

△貪狼星最喜火、鈴，貪火則木火通明，所以會橫發，貪狼、鈴星在一起，鈴星膽大出眾，而木火通明之象為將星之才。

△貪狼星最怕天姚、紅鸞、咸池、桃花星同宮。（肉慾行為）享受。

△貪狼星遇天空、地劫，則好賭、行運亦同。

△貪狼星喜空亡、截空、旬空能習正。十二長生、墓、絕、之地亦能習正。

△貪狼星女命愛恨心重，且多嫉妒、愛打扮、愛好自由、重氣氛、不拘小節、不喜受拘束。

△貪狼星加天刑、羊刃、陀羅，因色有官非。

△貪狼星有靈敏的分析能力，但記性較差。

△貪狼星化權、化祿易橫發資財，尤其在四墓地加火星、鈴星。

•巨門星：

癸水屬陰司口舌之神，化氣為暗，主是非，又名隔角煞，代表嫉妒與猜忌。

△巨門星是很挑剔之星，永遠不能滿足，學術、研究方面也很專長。

△巨門星行限巨門化權易有官司，加天刑更驗，但是官司都是會贏的。

△巨門星在兄弟宮不睦，在子女宮，先損後招。

△巨門星在十二宮子、午二宮以言論為右中隱玉格。但較忙碌為晚發之格。

△巨門星加陀羅必有感情複雜情事（在命宮、身宮、或夫妻宮）。

△巨門星在天同星，女孩審美觀念高（則男孩容易受騙）。

△巨門星加天刑、官符必有是非、官訟。

△巨門星坐命如化權講話有權威。化祿講話很動聽，化科講話幽默、風趣。化忌則講話很容易得罪人。

●天相星：

壬水屬陽化氣為印星，又為官祿主，能解廉貞之惡。

△天相星有幽默感，愛管閒事，而且處事很公正。

△天相星最怕羊刃同宮，大運逢、流年又逢定破財（在財帛宮入命皆同，天相也是財星）。

△天相星怕煞星遇火星、鈴星、殘疾（疾厄宮不好時很靈驗）遇羊陀，多巧藝，不富。

△天相星女孩若刑囚夾印，則夫易早喪或有外遇。

△天相星在巳宮有文昌同宮，為絕處逢生之格。

△天相星坐命之人較懶散，易有惰性。

△天相星對朋友很好、愛自由、好奇心重、而忠厚、肯犧牲奉獻。

•天梁星：

戊土屬陽化氣為蔭，司延壽之神，能解厄制化又為父母星，有老大的意味。

△天梁星不喜化祿，因天梁星為清高之星，而化祿為財，有抱私利益的行為，即有人送紅包。

△天梁星大小二限若化祿在財帛宮，會寄存神明錢。

△天梁星在巳、亥二宮易有桃花，女命尤甚（因天梁星好管閒事之故）。

△天梁星化祿又逢桃花運，則其對象為結過婚的對象。

△天梁星居子、午二宮官資清顯，在外對外人很好，有話說，對家裏的事不管也不聞不問。

△天梁星分析能力強、做事盡忠職守、好勝心強、榮譽心也強。

△天梁星待人溫和，莊重，但也很固執，喜做老大，出風頭。

△天梁星女命，可說是老大姐型。下陷碰羊刃、陀羅，有不良的嗜好。

•七殺星：

庚金屬陽上將之神，主孤剋，化氣為殺，司生死，亦為將星。

△七殺星坐命的人有四煞，行運又逢七殺，名為七殺重逢，最凶，大運、流年亦是。

△七殺星本命化權或紫微或七殺、破軍、貪狼等三星皆有創業之心。

△七殺星在巳、亥二宮，為紫微化權，也很好。

△七殺星在子、午、寅、申、巳、亥，皆不以言論。

△七殺星坐命的人，喜當老闆，不喜謀職，寄人籬下，工作待不下去。

△七殺星在子午、寅申四宮為廟樂。在寅為（七殺朝斗格）能獨當一面成就光輝。在申為（七殺仰斗格）主辛勞獨創。

△七殺星女命為人爽快而性急，情緒易形於色。

△七殺星之人性硬，有智慧、叛逆、創造、屬理智型。

△七殺星加羊刃於子女宮必有流產。

• 破軍星：

癸水屬陰司夫、子、奴、在數為殺氣，又名耗星。

△破軍星喜化祿，本命化祿，或流年化祿逢之定升官。

△破軍星忌文昌、文曲，則奔波勞碌，流年運限逢亦之。

△破軍星在子午丑未命格高必順化祿，為小主管。

△破軍星為驛馬之星，在遷移，主在外奔波勞碌。

△破軍星一生有創造力，喜投機性事情。

△破軍星守命，六親較無靠。在福德宮，多災多難。

二十九、年支星

由生年地支所排列出來之星。

紅鸞　主婚姻喜慶　正桃花（以擇偶為目的）

△樂觀、開朗、充滿活力、活潑而直爽、易和人接觸。

△喜華美的事物、鮮艷之色彩、好面子、有虛榮心、嘉裝扮、易流於浮華、奢侈，居住房屋裝飾華麗、美侖美奐。

△一生多變，有流蕩的狀況，好女色，有困擾。

△守身命，秉性溫和、聰明秀麗，喜三合會紫微或同宮，為吉慶之星。

△好打扮、愛穿好。

△與桃花（如貪狼、天姚……）同度，淫奔大行（增加桃花星的力量）。

△與昌、曲、化科同度（三會方），主有喜帖、文書喜慶（流年流月）。

△與昌、曲、化忌同度（三方會），主退婚多波折，家庭反對。

△紅鸞遇沖剋又有化科星進，則收紅帖。

△若夫妻宮感情線壞，又有沖剋化忌，則會離婚。

△在子女宮主女多於男，聰明清秀。

△兄弟宮，代表手足之情。

△財帛宮，有偏外之財，為投機冒險之財。

△遷移宮，有偏財之運。

△官祿宮，少年得志，金榜題名。

△在命宮或夫妻宮早婚較多。

△紅鸞或天喜入疾厄（流年亦同）遇羊刃、廉貞或殺、破、狼、四煞七殺同宮，易有血光之災，或女人流產現象。

△入限：早年逢之（二十歲左右），主婚姻喜慶，感情發展。中年逢之（婚後），主添丁、升遷、喜慶。如合桃花星多，再加煞星（如天刑），有桃花糾紛。老年逢之，多有喪偶之痛（須再查夫妻宮破與否）。

△代表血光之災（紅鸞見擎羊），入命疾厄、遷移逢皆同。

△行運至或三合鸞喜大限，流鸞入命身大限，太歲沖動或小限行至，則主結婚。

天喜　陽水　主婚姻喜慶之事。

△為人誠實耿直、和藹、喜交友、熱鬧和團體生活。

△不一定主早結婚，或訂婚，如再逢空亡，則不作此論。

△有異性緣，活潑、人緣好，隨遇而安（人人好）。（雖長得不漂亮，還是有很多人喜歡，有人緣，此星之人「深緣」。）

△多出外漂泊，不喜呆在家裏，易衝動，有孤獨感。

△單守財帛，喜投機、賭博。財來財去，到手成空。

△有人緣，婚前有很多人追求，婚後還有人打主意。男命亦同。

△性情開朗，易有人緣。

△運限：

1. 早年逢之，得長輩喜愛。

2. 中年逢之，朋友多而人緣好。

3.老年逢之，孤獨，喜接近年輕人。

△入兄弟宮，手足情深。

△入夫妻宮，伉儷情重。

△入子女宮，多生男。

△入官祿宮，少年及第，考運佳，對音樂極為喜好。

△入遷移宮，在外人緣好，可得財。

△入田宅宮，財祿旺盛，家中佈置美麗和鮮艷。

△入福德宮，一生衣祿安康，交桃花、有艷遇。

△入疾厄宮，主易得血疾，與太陽同宮便血，與武曲同宮咳血，逢羊刃、破軍、七殺等惡煞，主血光之災或開刀。

孤辰　乃一方之氣的前一位，孤獨之星。

△個性孤僻、不近人情、消極、固執、不合群、一生亦多漂泊、六親無依，不宜入身命父母宮。

△男命最忌主孤（再逢主孤之主星如機、梁、武、相，則更孤僻）。

△若與較不孤之星在一起，則與人在一起表現得很高興，但獨處或有時會顯得很靜，有孤獨感，是雙重性格的人。

△如逢煞，主破相、殘疾，三方有凶，主心裡不正常。

△男命坐孤辰，出門單獨一人，很少帶太太或孩子出門。

△不宜入父母宮，主少年難養，入子女宮主子女孤單。

△孤辰、天馬同宮為異鄉客，夫妻宮如為孤馬，太太為外地人或籍貫不同，父母宮也許父親是外地搬來的。

寡宿　一方之氣的後一位，為孀寡之星。

△孤獨不合群，不近情理。

△自以為是，讓別人看不順眼，內心矛盾多疑，有神經質，六親無依多漂泊。

△女命最忌入身命、夫妻、福德。

△加機、梁、武、羊、空亡，則更加孤獨。

△不宜入女命、命宮，易有孤寡現象。入夫妻宮主感情欠佳，不利夫妻

會吵架。

△夫妻宮有寡宿及四煞同宮，婚姻上不美滿，多波折，易入僧道（老年人時）。如果夫妻宮吉星多，或化祿、化權可減輕，吉星可解。

△女命坐武曲或天府逢寡宿同宮，婚姻都不美滿，甚至梅開二度。

孤辰、寡宿合論

△孤寡二星入命身，主母親的娘家，無男丁後嗣。

△如本命坐屬孤之星（機梁、武曲、羊刃、空亡、七殺……）或是孤獨之格局，如三方再見孤寡，則主晚婚或不婚。

△與空亡同度，早年父母無靠，與喪門、吊客同度，主星弱，主父母相繼而亡，骨肉伶仃孤苦之人。

△不喜入財帛，不論正星廟陷，主有暗耗，不聚財。

△入子女宮，多生女。

△行限逢，陽年逢孤辰，對父親不利，陰年逢寡宿，對母親不利。

龍池　管主明之宿，主文章科甲。

△智慧高、聰明伶俐、樂觀、爽朗、自視甚高、有傲氣、氣度沈穩，喜與日、月、曲、昌化科等科星同宮，有名譽。

△坐命如有煞星衝破，有耳疾。

△男命會吉星，主攀龍附鳳，交往對象為權貴，功名顯著、財富豐。且相貌過人，早年即可得意。

△女命多助多能、相貌美麗、心志堅定。

△如與貪狼、廉貞……等桃花星同度，主淫慾不足以動其心（因龍池穩重，心志堅，不會亂來）。

△文雅講理，有作為，氣質高，文事造詣高。

△與漂蕩之星同，則減少漂蕩之性，較穩重。

△輔佐天府星，能增加飲食享受。

△可為人師表，加吉星，學術之成就被認定。

鳳閣 文明之宿，主文章科甲。

△眉目清秀、動作敏捷、有機智、喜調停、好自由。

△懶散好享受、粉飾。對服飾、裝飾很講究。
△女性貌美、秀外慧中、旺夫益子、氣節高。
△輔助天相星。
△如有煞沖破，主有牙疾，易早壞。
△對於事物特別敏感，易見景生情。
△會同科星，主有聲譽，喜文學。
△亦為風流之星，易為色慾動心，但格調高不下流。
△龍池、鳳閣一同入命，喜好神仙之術，靈感好（丑未同宮，辰戌對宮）。
△龍鳳同會。入限少年運，利考試。中年運，逢府相，可增其府相朝垣格之力。

咸池　桃花煞，主淫邪之事。

△此星論桃花時是主星，不常不論。
△桃花的主星，注重情慾。

△淫蕩虛發，好色淫慾。

△較虛榮。見異思遷，稍有孤剋，喜出入歡場。

△男命與祿存同宮，可經營桃花事業（以桃花生財）。

△女命與祿存同宮，加會左右魁鉞，主落風塵，或侍妾。（祿存，有錢賺，左右魁鉞為貴人星，主客人多。）

△咸池會合貪狼星（或其它桃花星），主有外遇。再加天姚或昌、曲、廉貞化祿更明顯。

△男命逢咸池比較慷慨（花桃花錢），女人逢咸池，呈風情。

△是桃花煞，最好不要守命身宮、福德宮，行運走到有色慾之好，易做色情生意現象。

△桃花之驛馬星，守命之人，漂泊不定。

天哭　陽火　主刑剋　增巨門之勢。

△性孤獨、不合群。

△悲觀消極、好幻想、自尋煩惱、易感情衝動、易遭周圍事物感動而流

淚。

△六親緣薄，一生奔波勞碌。

△如與巨門同度，則顯其凶，主喪服或幼年坎坷。

△限逢（大小限），流年再遇凶惡，主有災。

△流月會羊刃，收到白帖。

△大限有天哭在三方拱照有孝服，破耗不免。

△夫妻宮有天哭星，太太易有傷心事，常會流淚。

△女命坐命宮，愛哭又愛跟路。

△與天姚同度，主破敗，遭偷失物，易有後悔之事。

△與弔客同度，六親無依，兄弟少，孤窮。

△與天機同宮，善星同宮有才名，但六親緣薄。

△入父母，破敗祖業，變賣祖產。

天虛　主空亡，多虛少實。

△增破軍的凶氣，有名無實，華而不實，多吹噓，喜欺騙。

△貧賤孤寒、六親無依、一生阻礙多、喜宗教五術。

△與破軍同度，益增其凶焰，主破蕩凶惡。

△坐女命，婚姻不理想。

△限逢，虛名虛利，遭女人責難，入官祿宮主遷調。入財帛宮，虛驚不定，空歡喜，將成又敗。

哭虛合論

△哭虛同宮於子午，主官災、漂泊、破耗刑訟之不測。

△守命身於沐浴、死、墓、絕之地，主窮獨刑傷，煩惱度日，二限（大小限）逢此亦作此斷。

△夾二限或分守二限，主破敗、喪服。若正星好或吉星可化解，再逢三方喪門白虎加臨，主六親喪亡。

△入夫妻主配偶刑傷。

△入財帛有破耗。

△入疾厄主體質差，常有不寧，如守本命疾厄，大限行於此大凶。

△在遷移，少年離鄉背井，長年在外，多是非口舌。

△在官祿、調職、失業、升遷不易，空歡喜之虛名。

△在田宅，主破蕩。

△在福德，福薄、衣祿差，一生勞碌貧苦。

△在父母，破敗祖產，刑剋破相。

△哭虛遇祿，名顯揚，在丑卯申為廟旺，遇雙祿，主衣食豐足，名利雙收。

△哭虛為惡曜，臨命敗非常，如臨父母內，破蕩賣田莊，若加身命陷，窮獨帶刑傷，六親多不足，煩惱渡日，東謀西不就，心事亂茫茫，丑卯申宮及，遇祿名顯揚，二限若逢此，哀哀哭斷腸。

三十、月系星

由月令所排列出來的星。

左輔 帝極主軍之星，到處降福，化數主善（左輔為月系星，故為平輩的貴人）。

△個性敦厚、穩重、耿直（因左輔五行屬土）。

△有計謀、度量寬宏（因土為寬廣能容納萬物）。

△無目的慷慨（因為平輩貴人，如朋友一般的無目的幫助）。

△善交友，光明磊落，喜施濟人易寬容，口才極佳，有幽默感。

△博古通今，見識廣闊，學問淵博。

△喜回憶過去，有念舊心。

△配合發展佳，為風流倜儻之人，否則為好色之人，高傲固執，且好大喜功。

△勤奮認真，有主見，講信義，心地善良，嫉惡如仇。

△女命，能幹喜作家事，賢慧溫和，勤勞而有堅忍不拔的精精。見四煞多偏房。

△有煞星沖破，則不利（因左輔星最怕煞星）。

△左輔最怕與廉貞同度為破格，有官非、破財，易有不測之刑。尤其再加會擎羊時，更糟（女命，此種組合在夫妻宮則會遭強暴）。會遭竊或有官非（沒有會擎羊，而廉貞化忌亦同此論）。

△左輔與巨門破軍、煞星同度，不順有挫折（因破軍為勞碌星，巨門為是非星，再加入貴人則越搞越糟），加四殺同度或沖，主傷殘（再依四化追蹤，察看在何處受傷，是因工作或外出而受傷）。此種組合在本命主富貴不久，行運亦主竊盜欺凌之事。

△左輔與羊、陀同度，其人意氣用事，易受人利用。

△入夫妻宮、福德宮，主有二度婚姻，尤其在辰戌丑未單守更驗，有四煞沖破再婚或離，更加應驗。

△單守事業宮（對宮為夫妻宮），沖夫妻宮，則重婚（條件如上）。二度婚條件為在辰戌丑未四宮單守，或左輔在夫妻宮有四殺或與巨、破同度才驗，與紫府相同度則不會。

△如單守身命、父母宮，或有離宗庶出之可能。

△喜與紫府、武曲、貪狼、祿存、化祿權會合為上格，一生多福多壽，主貴。

△辦事靈巧，較內向沈默。

右弼 北斗善助星，帝極主宰。傳令之星（屬水，又為傳令，故很「雞婆」）。

△耿直、善計劃、小心謹慎、好濟施、富有同情心、心懷寬恕、有成人之美、善解人意，不太記仇。

△講義氣、責任感重。

△幫助人有實際的行動（不是光嘴巴講講而已）。

△右弼在福德則反應好。

△心智靈巧、服務心重、喜調停、有成人之美，喜暗中助人。

△好奇心重，知識豐富知古今。

△單守命宮，多離宗庶出。

△女命右弼單守妾命，男命則為侍從、跟班，一生無大發展。

〔女命〕

△細心、膽小、害羞、善體人意、有小孩子氣、喜幻想、有依賴性。

△賢慧善良、明理而節儉。

△喜佈置家居，外表高雅，賢慧有志，旺夫益子之星（與太陰之性略同）。

△左輔、天同同度，女命有偏房的可能或和已婚的對象同居（因兩星皆太柔，且為水星之故）。

△在夫妻宮主二度婚姻，不論男女，婚前多異性交往，婚後另有情人，再看本命是否會進桃花星而論輕重（單以左、右兩星來比較，因右弼多嘴雞婆且有實際行動，故比較嚴重，而夫妻宮本來就是夫妻兩人的事，有貴人加

入則會有是非吵架的事）。

左右兩星同度

△「左右貞羊遭刑盜」（即使廉貞化祿亦不佳），命坐左右而廉貞、擎羊同坐或沖，則遭官非、刑罰（例如被上司罵也是），或有盜劫之災（參看田宅宮是否有破）。

△入田宅如逢正星化忌或有煞星同度，主遭盜賊。

△左右為同輩之貴人，多應酬運，大部份是公事。

△行限逢之，認識新的朋友很多，交友廣泛，應酬多。

△行限逢（大小限），流年又有巨門暗相會或白虎相沖，則主刑傷（大小限看事情發生的狀況，吉凶由流年來斷）。

△「左右財宮（財帛、官祿）兼吉（善良之星）」，衣食豐榮」，正星廟旺，則更佳。

△「左右本性克寬克厚」，度量大，好濟施。如與廉囚同度則奸滑、凶惡之人，女命刑夫剋子。左右碰吉星則好，遇凶星則更凶。

天刑 主刑夭，廟地又名天喜神，有權威（天刑與太陽在寅、卯、辰、巳、午宮廟旺）。在數主醫療、醫院、官非。

△個性固執，保持原則。不信邪，鐵齒。有神佛緣。

△坐命或在六親宮有刑剋、緣薄。

△在官祿宮，想換工作，工作不順。在財帛宮，主被倒會或事業失敗，在官祿宮也有官符之災。

△天刑坐命，小時難調養，多病。

△對六親有刑傷，落六親宮主與對方不合。

△守命，與命理宗教有關，大限或三合天刑亦同論，會接近宗教和命理。

△個性剛強，發脾氣時不管三七二十一，先翻再後悔。

△對神佛有好奇心，學算命的也很多（都是因鐵齒不信邪，而後產生好奇）。

△高傲不認輸（與武曲、太陽……等較硬氣的星同，增加其作用力）。

△愛面子。不隨便低頭。

△適合律師、醫生、警察、軍人、官界的工作。

△最喜與太陽在旺宮同度（寅卯辰巳午宮）。

天姚 在數主愛慕，風流好淫（因天姚係盛開的桃花，嬌豔絕倫，使人心生愛慕，若再加桃花星則增強桃花）。

△性驕傲，漂亮而瀟洒（因盛開鮮豔，故驕傲）。能應對（女命貴夫人之相），善察顏觀色，加紅鸞，淫慾。

△天姚不喜在福德，主身心忙碌有感情困擾（為桃花而身心忙碌）。

△喜在遷移宮，能得貴人相助，出外有助（因別人愛慕覺得他不錯而喜幫助他）。

△在財帛宮喜花酒、賭博而破財。

△天姚和紅鸞守身命宮，十都婚姻不太好。

△天姚與貪狼守命身宮或夫妻宮，易有婚姻波折，易再嫁、離別的現象。

△天姚與羊刃同宮或三合會上廉貞、貪狼，幼年要注意身體，易有夭折現象。

△在福德宮而逢四煞同宮，易在外有私情。

陰煞 無形界總代表（鬼神）。

△主小人，陷害。

△入身命多猜疑（因為有活鬼纏身），有害人的陰謀，撥弄是非。

△行運，主是非很多。

△喜遇空劫截空及旬空之予沖破，與諸惡值遷僕不劉。

△大小限昌曲和太陰化忌三合遇陰煞，會被陰靈所纏。

天巫 為升遷之事。

△要有吉星扶持才可升遷。

△大小限逢，主得文書喜慶，獎勵之事。

△在本宮，三合會祿馬，化科祿權，主調職和升遷。

△如三合遇天機、天梁，主從事術士或巫師。

天月 主病。

△二限斗君逢凶，則主有病痛。

解神　主化凶為吉。

△臨身宮或命宮，主一生逢凶化吉，遇難呈祥。

△行限遇災厄可化凶為吉。

三十一、時系星

由出生時所挑列出來之星。

文昌　（時系星，來得快，去得快）辛金，主科甲，名譽、學歷、學位，又名文貴。

△聰明、優雅、多學多能、好學不倦、反應快。

△喜好裝飾打扮、口才佳、好面子。

△幻想多、不切實際、好大喜功、略有孤僻寡情。

△文昌化忌入命，言誇不實、有專長。

△喜與功名之星（如日、月、魁鉞）交會，主發展佳、有成就感、有極

佳聲譽。

△文昌化科時，知名度（例如：廉貞忌，文昌科，必以桃花出名）。

昌曲同坐

昌曲坐命，神經衰弱。

昌曲在福德宮為玉袖天香（主聰明有女緣），另有一說：會短命。

運限：

㈠成年後——

①三方遇文昌化忌在財帛宮，會發生財務問題、文書問題，例如有財務損失、糾紛、名譽損失。在官祿宮會被跳票。

②三方遇文昌加吉，主科名、名氣，學習新東西。

㈡早運行昌曲會讀書

△昌曲在凶鄉，林泉冷淡，奸謀頻設（斗數發微論）。

△凶鄉是指與壞星同坐。此人老奸、巨滑。因才華用在壞的方面，與吉星（府、相……）則不會。

△昌曲福不全，女命逢之婚姻不美滿。

△命宮有昌曲，口才好、反應快、聰明。容易有口是心非的現象。

△昌曲在精神方面代表口才文章。

文曲星　主科甲名譽，專長技藝，又名魁星，文華名聲，文墨異途功名，文雅風騷之宿，於身命為滾浪桃花。

△聰明、學習能力強、多學多能、頭腦冷靜、善推理分析，有不信邪的心理、善舌辯、交際廣、口舌伶俐。

△與羊刃同度，說話很倔，跟誰說話都會吵架（因羊刃帶刀帶箭之故）。

△文曲化忌時，一生多機運（運好），但不善應用機運、手段（不會把握好的機運），不善交際，周旋不好。

△女命不宜文曲坐命，因文曲屬水，若再逢水星（巨破貪陰咸姚），則水性楊花，無祿存可解時多幻想，不切實際，對感情不利（有祿存時可解其水性楊花之性）。若福德宮又不好，則易落風塵，或為侍妾。

△「文曲在旺宮（水的宮位，即亥子丑），聞一知十」（形性賦）。

△文曲旺宮居福德時，反應很快（與右弼、火星在福德時一樣）。
△文曲落陷時，則口舌便佞。
△「曲遇梁星，位至台綱」（骨髓賦），能任外交官。

火星 南斗助星，大殺將星，主凶惡之事。
△果斷、剛強、好自由、有權威、善舌辯。
△做事講求效率、心性急躁不定、不安於現實。
△做事無頭無尾、無先後，一生多奔波。
△喜與貪狼同度，火貴格，主橫發資財。
△忌與破軍（奔波之宿）同度，一生奔波勞碌。
△與巨門易有官災，早年刑剋。
△女命，火巨格，一生感情複雜（因火、鈴主下賤、孤貧）。
△與七殺主為技藝之人（有專長）。
△在命身門牙容易壞掉。
△與天馬同度，名為戰馬，當行不好的運時，有刑剋。

△行好運時較勞心，如「救火」一般很勞碌，忙東忙西，如戰馬一樣。

△擎羊、火星同度，威權出眾（喜出頭，有權威），因火星剛強出眾。

鈴星　南斗助星，大殺將軍，主凶惡破敗。

△聰明伶俐、反應快（因時系星之故），機智果斷，性急躁不定。

△不安於現實，好大喜功，逞強好鬥，待人刻薄。

△總是覺得命不好，覺得別人對不起他。

△心理不平衡，反覆不定（時系星反覆不定，變化很快）。

△喜與貪狼同度（貪狼的野心很大），橫發資財，突創事業（行運走到有突然想創業之心），立功邊域有出外之意，若貪狼化祿或有祿存同則更吉（鈴貪為將相之格，即有創業有衝勁，但假若貪狼化忌則不佳，先創業後而敗。）

△鈴星破軍同度：

①一生奔波勞碌，財有大破。

②限逢（大小限）流陀，則大破敗。

（火鈴皆不喜與破軍同，但最喜與貪狼同）。

△鈴星在財帛宮，主有偏財（單守，或會吉星）。

△鈴星生平有巧遇之事（即有意外之財）。

△鈴星性毒（膽大出眾）。

四煞

△羊刃，對吉星有侵襲與破害的作用，對煞星有制衡作用。

△陀羅（忌星化為暗），主孤獨是非，做事喜拖延，離鄉背井，一般來說陀羅都是壞的，暗暗地來與太陰化忌有點相同，但在夫妻宮，行限，未婚時，主感情非常好而難分難捨。

△羊、火，為明槍，其凶惡、威力顯而易見（明的），為梟雄惡殺，陀羅為暗箭，對命運挫折不易看見，如坎坷、逢小人……。

△陀羅為暗，凡事拖得很久，受精神折磨，與太陰化忌略同，即事情並非很嚴重，但拖得很久。

△武曲與四煞同度或對宮，尤其武殺（卯酉），多因財務起糾紛，或破

敗（武殺同宮都是屬金，再加羊刃，則因財持刀，有是非，大破敗，尤其財帛又破格）。

△命遇羊刃宜武職，適合外科醫生，等持刀的行業可化解其刑剋之力，男命夫妻宮有羊刃，一般會刑剋，但有時是其妻從事持刀的行業，如理髮師、裁縫業者，不會有刑剋的現象。

△陀耗（破軍）囚（廉貞）之星，守父母之宮，決然破祖，刑傷兼之（在父母宮）。

地劫　為劫殺之星，主破失破財、孤獨、漂泊（不穩定）。

△此星對錢財感情不力，在財帛宮，錢財有失。

△在小限流年夫妻宮主夫妻感情波折，未婚則做親戚，不成。

△性頑劣，多奔波，喜怒無常，做事疏狂，敢做敢為。

△凶星同度，一生多消耗，浪費不節儉（再參看財帛坐何星而定）。

△與人不合多是非。

△在事業宮，為事業奔波，很多從事於外務工作，或司機。

△小限流年逢易變換工作或職業異動。

△求學期間官祿宮遇空劫，會休學。

天空　空亡之星，主多災，風險，不聚財（天空屬於精神方面，地劫屬於物資方面）。

△孤僻，虛空不實，心性不定（與天機坐命同）。

△無精打彩、好幻想、多變動。

△不行正道（指做的事與別人不同，標新立異，而不是亂來的意思），故浪費精神。

△正星吉，主聰明，有理智，但辛勞，孤獨不免。

△「生逢天空，猶如半空折翅」，主凶險，發不耐久。如事業宮逢凶星加天空，則會事業突然失敗。

△「命中遇劫如浪裏行舟」，主破耗。地劫在每一宮都不好，在事業宮開車的人很多，在子女宮主流產（地劫在子女宮，大運逢田宅化忌，或子女化忌）。

△「生來貧賤，劫空臨財福之鄉」（主星不好更驗）。

△命裡逢空，不漂流則貧苦，精神勞碌。

△「項羽英雄，限至天空而喪」（精神勞碌，失志而想不開）。

「石崇豪富，限至地劫以亡家」。

△女命逢劫空，感情波折，宜遲婚。

△天空易因本身判斷錯誤而引起凶險破耗（如項羽）。

三十二、論命經驗談

△天梁星、天機星在命宮或在福德宮的人，比較有宗教信仰。

△太陰星文曲星在命身宮或在事業宮，定會研究命理為業，亦九流術士。

△武曲星七殺星，羊刃在子女宮代表傷殘之子，在兄弟宮代表傷殘的兄弟姊妹。

△命宮，疾厄宮有羊刃者，身上會留下疤痕。

△文曲星化忌大都身上有暗痣，命宮干化忌也有算，天同星，陀羅同宮也有痣（以十二宮位置為準）。

△命宮在酉，左輔或右弼星在夫妻宮在有羊刃，必有二婚。

△女命宮有天馬星的大多遠嫁他鄉。

△命宮有星曜化忌在有孤辰、寡宿星的，大多是不會結婚。

△太陽、太陰星，在命宮或疾厄宮，眼睛不好（近視）。

△天機星化忌在疾厄宮加羊刃、陀羅，容易小兒麻痺，加天馬機會更大。

△天機和火星，或者火星跟天空在命宮，或朋友宮容易跟朋友起衝突，突然而來。

△命宮有天機星化忌在有羊刃、陀羅、鈴星的，大多因桃色發生事情而離婚。

△兄弟宮和子女宮有任何星曜化忌，在有羊刃、陀羅、天空、地劫、火星、鈴星在有吊客，百分百兄弟、子女必有人夭折或流產。

△命宮有羊刃星在有殺星，一生中有一次以上開刀。

△命宮或疾厄宮有太陰化忌在有羊刃，大多開過盲腸。

△命宮文曲化忌的，大多不會做官。

△天梁星在命宮的人，比較奸巧。

△天同星在卯宮，天機星在命宮，壽命較短。

△寅、申、巳、亥宮若在夫妻宮或在命身宮，有天馬、貪狼、廉貞者、表示女子先上車後補票。

△疾厄宮化權或化忌，流年在有羊刃、七殺、鈴星，大多數要預防發生車禍。

△田宅宮有羊刃、天空二星，家裏最好安神位較適當。

△晦氣在命宮或在夫妻宮有四化引導，加上桃花星要預防有同居、私生的現象。

△羊刃在流年田宅宮有羊刃，房間藏有刀子，包括大運流年。

△天刑、白虎、羊刃在三方加會，流年大運會犯官符。

△流年的田宅宮有晦氣星、咸池星，房間放有黃色書刊。

△貪狼星在田宅宮的女孩，比較風流。

△太陽、太陰、左輔、右弼在命宮或夫妻宮三方四正會合者，有二婚。大運夫妻宮桃花運導動也是。

△本命或夫妻宮有天相星、文曲、文昌，易與人同居，或者對方都是結過婚的人。若加桃花星，為青樓名妓或細姨命。

△子女宮、鈴星、貪狼、火星、廉貞，對於性慾很強。

△寅、申、巳、亥，流年天同、天梁加驛馬，大多是被人包養，二十歲左右。

△命宮有天相星，公職或經商，土木建築的行業較好。

△天府星在事業宮，或財帛宮天相，在金融機構，或五行屬金的行業較好。

△命宮有七殺星、太陰、天同星，都屬黨政軍職較好。

△天梁星、天機星在事業宮為公務人員。

△命宮有太陽，太陽星除了固定行業外，走流動性的行業也可以。

△破軍星在事業宮做批發商或推銷員、外務員最適當。

△天府、武曲坐命天相、紫微在事業宮，做土木建築的行業最好。

△命宮貪狼事業宮加煞或有七殺星，不能做土木建築的行業。

△流月、流日在田宅宮，廉貞化忌加羊刃，電燈會損壞。

△文曲化忌，加羊刃，水管會損壞。

△本命宮化權，有能力，但孤傲，不接受別人的意見。

△本命宮化科，不管十二長生，坐死、絕，大多聰明，受高等教育。

△夫妻宮有化忌星，先生比較疼太太。

△子女宮有化忌，兒女再好，父母還不滿足。

△命主坐在辰、戌二宮，較懶惰，十二長生坐死、絕也是一樣。

△出現羊、陀、火、鈴之一或化忌星出現都有車禍，尤以遷移宮羊、陀及化忌最明顯。

△羊、陀、火、鈴出現遷移宮、命宮、父母宮、疾厄宮，除車禍外，骨折、跌倒、脫臼、開刀、流血、父母生病、腸胃、鼻子疾病現象。

△在紫微斗數之子女宮、田宅宮，若有羊、陀、火、鈴或七殺、忌星落入，往往是生孩子，或墮胎之跡象，加地劫更明顯。

△陀羅星坐命，長期精神痛苦，受傷皆在左手腳，或扭傷。

△太陽星下陷在田宅宮，房屋的光線較差。

△太陽星運行下陷加化忌加天哭星，易有陽性親人喪亡。

△太陽星在田宅宮沒有沖破，祖上有產業遺留，土地、不動產等。

△太陽星下陷加化祿，女命夫妻宮，則先生有外遇。

△大耗星加太陽星，非禮成婚。

△天同星與天梁星守命，男得純陽中正之心。

△天府星在午宮加空亡，無吉星來扶，則會遁入空門。

△化祿在福德宮也表示有艷福、口福。

△破軍、文昌、文曲坐命，遷移防水厄，加化忌同宮更之。

△女命加文曲、文昌則感情不穩。在四生四馬之地，在卯、酉宮加會天馬，祿存則男浪蕩，女多淫。

△七殺坐命再合紅鸞、天姚，依三合星情觀點有不利婚姻之象。

△天同星與陀羅坐命宮太陰在身宮，遁入空門。

△天同星、巨門星、羊刃碰火星，流年，流月，小限，有自殺念頭。

△夫妻宮、孤辰、寡宿加甲級正曜星五行屬水稱隔角煞，有生離死別，不然污名損節。

△桃花星貪狼、陀羅、曰風流彩杖，流月宮干流陀，有性關係。

△女孩看M期，以子女宮、本宮、大限、流年。子女宮有科、祿、權、忌，重逢百分百月經不順。

△福德宮化忌沖命，風水有問題。

△以命盤之夫妻宮的地支取紅鸞，從卯宮起逆數至其地支為止，看落何宮，再以此宮之宮干化祿入何宮而定，若入三方四正，福德宮為自己認識，若其中有貴人星則代表，還須貴人相助。若入朋友宮則有兩種情形，一為人家介紹，一為先是朋友後為夫妻（交一段時間）其餘各宮為人家介紹。

△夫妻宮化祿為自己認為，或命宮有紅鸞、天喜亦是。

△廉貞、破軍下陷女命宮位在卯金四局，身高一五四公分，年輕瘦，中年胖，性剛，聲大。

△貪狼，陀羅入廟男化祿宮位在辰土五局，身高一六七公分，形瘦，好賭，好色。

△紫微得地、天相得地，鈴星入廟，文曲下陷，金四局宮位戌男女身高一七三公分左右，標準身材。

△武曲入廟男宮位在辰，身高一七四公分，金四局，性情溫和。

△紫微，七殺女宮位亥，身高一六三公分，火六局苗條方圓型，性慈，深目，眼神稍異。

△貪狼化忌，文昌下陷（外表羞答，內心剛強），火六局男女宮位午宮身高一五七公分，嘴唇微翹。

△天相入地，天鉞入地男命宮在未，男身高一六二公分，性溫，好飲食，斯文，冷酷，火六局，外表含羞，內心確強。

△太陰入旺，天機入地命宮在寅女命，身高一四六公分，柔中帶剛，好

言亂善辯。

△太陽入地，巨門入旺㊛命宮在㊐身高一六五公分，熱情洋溢，好言論。

△太陽下陷，祿存入廟㊛命在㊋，身高一五六公分，性情剛強。

△太陽下陷，武曲入廟，羊刃入廟㊚命宮在㊋火六局，男身高一七〇公分，體重五十二公斤，外表性溫。

△貪狼入廟命宮在㊍水二局㊚，身高一六八公分，性剛，內在剛強，外表隨和。

△貪狼入廟㊛木三局命宮在㊏，性溫和，苗條、四十六公斤，重享受。

△七殺入廟，左輔㊛土五局，身高一五九公分，眼神有異，剛強。

△太陰下陷、左弼㊛命宮在㊏，身高一六七公分，性剛，肥胖。

△天機得地，文曲下陷，㊚命宮在㊎身高一六〇公分，金四局，隨和。

△火星得利，紫微得地，貪狼得利㊛命宮在㊑身高一五五公分，深目。

△廉貞、貪狼下陷㊛宮位在㊋土五局，身高一五七公分，體重約四十八公斤，性情溫和。

三十三、十四主星的形性

△紫微星：屬一般方圓、端正、穩重、氣質高雅。

△天機星：眼光銳利，上比下巴大。

△太陽星：眼睛稍大，面頰豐潤。

△武曲星：鼻梁高而挺，身材不高，聲音大。

△天同星：耳垂圓潤，個性溫和謙虛。

△廉貞星：嘴唇很厚，眉毛很濃，眼睛嘴巴都很大。

△天府星：前庭飽滿，下巴圓潤。

△太陰星：眉清眼秀，屬於古典型。

△貪狼星：眉骨稍高，體態豐滿，眼瞼底下微微鼓起。

△巨門星：入廟長得高高的，下陷稍微短短的。

△天相星：在卯、酉二宮瘦瘦高高的，臉形稍微豐滿，往往有先瘦後胖

的情形。

△天梁星：莊重、瓜子臉。

△七殺星：觀骨高聳，眼睛大，神情冷漠。

△破軍星：濃眉，厚唇。

△火星、鈴星：頭髮捲髮的情形。

三十四、諸星以疾厄宮論

1.紫微星：寒熱、脾胃、皮膚、操勞過多、嘔吐。

2.天機：四肢、眼、神經、肝膽、熱毒。

3.太陽：血管、眼睛、高血壓、頭部、失眠。

4.武曲：肺、臉、齒、鼻。

5.天同：神經、腸、腎、胃、膀胱。

6.廉貞：心氣不足、腰、瘡症、足、癌症。

7.天府：皮膚、脾胃、熱血疾、麻痺、浮腫。
8.太陰：會陰、泌尿、眼睛、水腫、腎水。
9.貪狼：外傷、肝膽、性病。
10.巨門：皮膚、血氣不調、脾胃之疾。
11.天相：泌尿毛病、同化作用不佳。
12.天梁：鼻、皮膚、脾胃。
13.七殺：肺、手、足、氣虛之疾。
14.破軍：經血不調、泌尿、腹痛小疾。
15.天鉞：脾胃、肺部。
16.天魁：火疾、皮膚。
17.火星：麻痺、陰毒、傷痕。
18.羊刃：肺、腹部、四肢、頭部開刀。
19.鈴星：眼睛、皮膚、頭部。
20.陀羅：胃痛、肺血、骨折、腫瘤、白癬。

21.文昌：經熱之疾、肺部、大腸。
22.文曲：斑痕之疾、上熱下冷、黑痣。
23.左輔：腸、胃病。
24.右弼：血虛、經血不足、血熱。
25.天空：冷疾、頭部、熱病。
26.地劫：手足、眼疾。
27.化權：肝、精經系統、膽。
28.化科：膀胱、屬於水症之疾。
29.化忌：腎虛、氣病、精冷、癌症。

三十五、十二長生

生生不息，人生的一環，如人之生老病死，分為十二階段，依秩序為長生、沐浴、冠帶、臨官、帝旺、衰、病、死、墓、絕、胎、養。

△長生：生情溫和，氣勢專一，如有剛出生的嬰兒，代表生生不息的意思。

△沐浴：個性比較沒有主見，無論男女一生中感情較困擾，因帶桃花，有如人某階段脫胎換骨，氣勢不穩定。

△冠帶：比喻長大成人叫帶冠，可以自主門戶，擺脫拘束。

△臨官：所謂先苦後甘，有如人結婚創業以後，要向頂端挑戰，不能逃避。後半輩子必然運轉，可享福休息。

△帝旺：已達到巔峰造極的境界，有如日麗中天，創造屬於自己的人生。

△衰：對任何事物都缺乏耐性，氣勢往下滑，由最高點往下衰，已退氣。

△病：如人類為生活勞勞碌碌的度過一生，對人體耗損過大，使體質變差，有氣無力感。

△死：以達到氣已絕，無精打彩，歸於停滯之中。

△墓：比喻人死後入墓，氣弱孤寂，但集中專一是有的。

△絕：如人的命運起伏很大，暴起暴落，已到沒有的階段。

△胎：虛無入於有，人歸根後復命。

△養：隱藏培育的功能，有蓄勢待發的意味。

三十六、四化

△甲廉破武陽：（甲的天干）廉貞化祿，破軍化權、武曲化科、太陽化忌。

△乙機梁紫陰：（乙的天干）天機化祿、天梁化權、紫微化科、太陰化忌。

△丙同機昌廉：（丙的天干）天同化祿、天機化權、文昌化科、廉貞化忌。

△丁陰同機巨：（丁的天干）太陰化祿、天同化權、天機化科、巨門化忌。

△戊貪陰右機：（戊的天干）貪狼化祿、太陰化權、右弼化科、天機化忌。

△己武貪梁曲：（己的天干）武曲化祿、貪狼化權、天梁化科、文曲化

忌。

△庚陽武陰同：（庚的天干）太陽化祿、武曲化權、太陰化科、天同化忌。

△辛巨陽曲昌：（辛的天干）巨門化祿、太陽化權、文曲化科、文昌化忌。

△壬梁紫輔武：（壬的天干）天梁化祿、紫微化權、左輔化科、武曲化忌。

△癸破巨陰貪：（癸的天干）破軍化祿、巨門化權、太陰化科、貪狼化忌。

以上四化除了化忌不好解析以外，其他科、祿、權大致還好。但有幾點在此叮嚀。

如果化祿在福德宮的人，一生中比較享受；化祿在財帛宮，是代表這一年或大限、小限財運不錯；如化祿在疾厄宮是表示身體不好，且在吃藥或進補；化祿在命宮加天梁星下陷或沖破，不宜從事公職，會收回扣；至於化權在命的人，比較有領導權，或從事黨政軍職最好，因有權統御能力很強。但不喜在遷移宮，在逢四煞星沖破會有意外之災。

至於化科星主科名，最好在事業宮，或遷移宮有貴人，如要參加政府的公職考試，喜文昌、文曲化科，如沒有煞星沖破，大可金榜題名。但在此奉勸要考試的朋友，七分實力，三分考運是重要的。化科不喜歡在疾厄宮，化科代表科名，在疾厄宮表示你的病痛，別人都知道。

以上科、祿、權，由此類推。

△甲：太陽化忌：若加四煞星，羊、陀、火、鈴，則有破產、車禍、眼傷、骨折、陽性人死亡、失業、病重。

△乙：太陰化忌：往往失戀、眼傷，正在談戀愛的人破壞力很強。分手、忙東忙西，做什麼事都不順。

△丙：廉貞化忌：意淫、桃花重、犯法、官司、罰款、坐牢，會貪狼注意尿毒、糖尿、結石、皮膚、子宮病、腰酸背痛。

△丁：巨門化忌：口舌是非、激辯、打官司、記過、想不開、離婚、失

戀、分手、打架。

△戊：天機化忌：幻想、不切實、投機、賭博、精神不振、喜歡鑽牛角尖。但天機化忌從事算命的很靈。

△己：文曲化忌：是非爭執、神經過敏、名落孫山、文書困擾、空頭支票、破財、犯官災、失眠、生病。

△庚：天同化忌：注意肝膽的病痛、破財、加巨門星與火星會想不開做出無可挽回的事。

△辛：文昌化忌：與文曲化忌一樣。

△壬：武曲化忌：失業、錢財不佳、肺炎、重傷風、呼吸氣官不好、花錢頗大。

△癸：貪狼化忌：桃花、吃喝嫖賭、毒瘤、性病、膀胱脹痛。

三十七、紫微斗數論命要訣

論一個命盤首先要應證命盤這個人的特徵，或個性、臉型、長相是否和命盤相符。再配合紫微斗數的星辰是屬那些星座命，這樣一來就一目了然的略知一二。

還有最重要的當事人的時辰一定要正確。包括農曆年、月、日、時，最重要的出生「時」一定要正確，這樣才能算得準。

看命要領離不了這幾點：

1. 大限參考命宮
2. 小限參考大限
3. 流年參考小限
4. 流月參考流年
5. 流日參考流月

6.流時參考流日

論命時重三方四正，是本命屬於靜盤，沒有吉凶、大限、流年、小限，如有四煞星沖且合那就屬於動盤，是有吉凶的。例如，大限走到兄弟宮就是把兄弟宮當成命宮，然後逆時針。命、兄弟、夫妻、子女等等的推算下去，在配合星辰或四煞星來論吉凶即可。

△大限：十年為一限之稱，該主管十年之運勢，由命宮依五行局起歲為初宮，而後依陽男陰女順行，陰男陽女逆行，十年一宮而推進。

△小限：以一年為一宮，主管一年之吉凶禍福，起小限法依男順女逆之法推進。

△流年太歲行宮，與小限同參一年之吉凶運勢，由生年支起一歲一年一宮，男女皆順行。

△流年斗君：亦謂之正月斗君，起法於流年宮起正月，逆行至生月止，起子時再順行至生時安之。此斗君安於何宮，其年對該宮有絕對之影響，該宮吉則吉，該宮凶則其年亦凶。

△流月：由流年斗君起正月，順行一月一宮，專論該月運勢。
△流日：由流月起初一，順行一日一宮，專論該日運勢。
△流時：由流日起子時，順行一時一宮，專論該時運勢。

三十八、格局簡介

△秘云：本命疾厄、日月、陀羅化忌同守「腰陀背之人」。
△秘云：破軍、文曲、大耗，秘曰：水大驚險。
△秘云：天梁安命，貪巨同度，敗俗亂倫之人。
△秘云：貪昌居亥，「粉身碎骨」，白虎廉貞，刑戮難逃。
△秘云：七殺守身總是夭，天刑，哭虛皆同到，難逃有疾之人。
△秘云：天機、寅、卯、辰、七殺併破軍，血光災不測。
△秘云：武曲羊刃遇火、鈴，因財被劫。
△秘云：太陽在戌、亥、子，為失輝，更逢巨暗破軍一生勞碌，女命夫

妻不美。

△秘云：「羊刃、陀羅迸佚」，七殺重逢，必遭毒禍。

△秘云：天機照限不安寧，家事紛紛外事多。

△秘云：廉貞巨門，交會於陷地則迷花訴訟是非起於官司。

△秘云：祿存獨守「古云」塞翁失馬焉知非福。

△秘云：武曲、天府、太陰逢，巨商高賈。

△秘云：天機與太陰同，女命逢之必巧容，衣祿豐饒不美，為娼為妾主淫風。

△秘云：貪狼逢武曲，太陰終非即自發，發者為淫佚。

△秘云：七殺、廉貞逢煞沖，謂之路邊埋屍。

△秘云：人有祿馬之吉，最忌歲限合空劫沖命。

△秘云：祿倒馬倒，忌太歲之劫空是也。

△秘云：太陽與陀羅同度，「暗淚長流」，羊刃、陀羅沖破，橫發橫破發不耐久。

△秘云：天刑遇哭虛破祖之流，難逃有疾。

△秘云：太陽逢巨暗破軍，勞碌奔忙。「太陽嫌巨門多競爭」。

△巨日同宮，官封三代：太陽巨門同守命宮而言。古時一家三代為官，可引申為有政治興起，可參加黨政軍的活動，「且有官格」。

△日月同臨，官居侯伯：日月在丑宮，而命在未宮，或日月在未，而命在丑。可解為地方長官。

△三合明珠生旺地，穩步蟾宮：日卯、月亥，安命於未宮。財官雙美，若有羊刃守命，以破格論。丙、壬生人皆吉。

△日月無明，佐九重於堯殿：太陽在巳，太陰在酉，而命宮在丑。乙丙丁辛生人得格。參加公職考試可金榜題名，富貴雙全。

△方伯公：日月在丑未安命加科祿。此格名利雙收。亦有官貴。

△月朗天門：天門指亥宮，因亥在後天八卦為乾位，乾為天故曰天門。壬、乙、丙、丁、癸年生人，不貴即富。

△日照雷門：雷是指卯宮，卯位在八卦為震，震為雷，故稱之。卯為早

上五點至七點的時刻，正是太陽要出來的時候，故稱日出扶桑。乙、辛、壬年生人，得格財官雙美。貴大於富，再加昌、曲、魁鉞很早就能實現其才能與抱負。

△天機太陰卻作飄逢之客：機陰居命或分守身命，尤其加天馬，淪落他鄉，在外日多，在家日少，工作往往屬於外務性質。

△夾宮夾劫為貧賤：命宮主星陷弱亦是，若主星旺而有力，祇代表辛勞而已。

△昌曲夾墀，男命貴而且顯：太陽太陰居命而有昌曲夾，可在官場最顯重的人物。

△腰金衣紫，天府與廉貞居辰戌，無煞有吉也。甲、己、丁生人入格。可任公職，腰金者富有，衣紫為官貴。

△生來貧賤，劫空臨財福之鄉：劫空分守於財帛與福德，而本命財福不佳，財來財去，一生貧窮。

△七殺朝斗，爵祿榮昌：朝斗七殺居午、申二宮，吉多來合，加煞同宮

則不是。深謀遠慮，能獨當一面，可當主管。

△泛水桃花：安命在子，貪狼與羊刃居亥宮，有此格者一生好色，玩弄女人。

△刑囚夾印：刑指羊刃，囚指廉貞，印指天相，羊刃與廉貞不可能夾天相，有此三星同宮，要注意官非事情。

△風流綵杖：化忌或陀羅、貪狼二星必在寅宮，乙年生入病地亦是。

△桃花犯主：指紫微、貪狼二星，沒有其他星曜，而在卯、酉二宮亦是。

△因財持刀：武曲加羊刃各因財持刀，即被盜、破財、被劫、糾紛之意。

△石中隱玉：巨門在子、午兩宮安命無煞有吉，加祿權更是，三合吉星來會，次之。白手起家，自立成業。

△終身縊死：巨門坐命再加火星、鈴星，加羊刃同宮，對宮煞星來沖次之。此為大破格，自殺的組合，若有吉星可救。

△脫俗僧人：紫微居在卯，酉加天空、地劫或落空亡，再逢煞沖破。若有火星、鈴星同宮，則為火貪格不作此論。

△玉袖天香：福德空有文曲、文昌二星同宮，謂之玉袖天香格。命座者此人眉清眼秀，有文藝素養，學問好，但腦神經衰弱，思想有點偏差。

△風流惹禍：陀羅、天刑并桃花，名風流惹禍。

△座貴向貴：命，遷移天魁、天鉞對坐，名坐貴向貴、

三十九、實際命盤分析

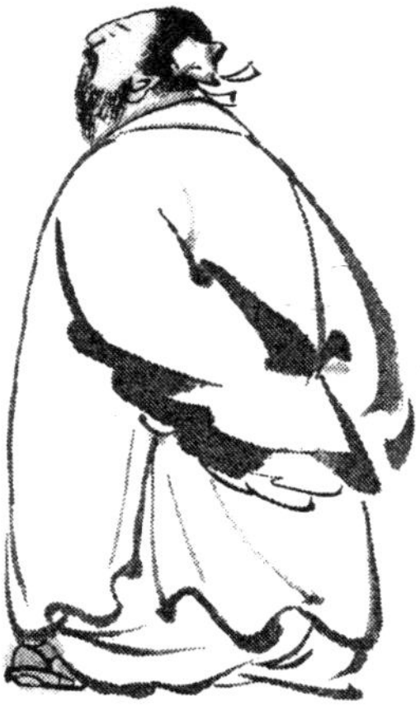

例一：

廉貞 貪狼 文曲科 癸巳 朋友	巨門祿 天魁 甲午 遷移	天相 乙未 疾厄	天同 天梁 天刑 陀羅 天喜 丙申 財帛
太陰 火星 45—54 壬辰 事業	辛×12月×日丑時 陰女：土五局		武曲 七殺 文昌忌 祿存 丁酉 子女
天府 左輔 35—44 辛卯 田宅			太陽權 天空 羊刃 寡宿 戊戌 夫妻
天鉞 紅鸞 孤辰 25—34 庚寅 福德 身宮	紫微 破軍 15—24 辛丑 父母	天機 地劫 天姚 5—14 庚子 命	鈴星 右弼 天馬 己亥 兄弟

△事實民國七十三年甲子離婚。

一、此女命坐天機，又見天姚、地劫同宮，身宮福德宮桃花又多。秘云：「天機太陰同，女命逢之必巧容，衣祿豐饒終不美，為娼為妾主淫風」。命有天機又有桃花星來纏。在用情方面比較隨便且任性，又此造夫妻宮太陽星落陷又見羊刃，夫妻刑剋難免。因太陽代表夫星，早婚不佳，感情糾紛以致夫妻離散。

二、大限二十四歲，行於丑宮紫微破軍同守，紫破為臣不忠，為子不孝的格局，夫妻不信任、背叛，而甲子流年又不順，太陽化忌又見羊刃以致動粗。秘云：「天機照限不安寧，家事紛紛外事多。」

例二：

巨門祿 文昌忌 田宅 癸巳	廉貞 天姚 事業 甲午	天梁 朋友 乙未	七殺 陀羅 遷移 丙申
貪狼 紅鸞 福德 壬辰	辛×6月×日巳時 陰女：木三局		文曲科 右弼 祿存 天同 疾厄 丁酉
太陰 鈴星 父母 辛卯			武曲 羊刃 財帛 戊戌
紫微 天府 火星 天刑 命 庚寅	天機 兄弟 辛丑	破軍 夫妻 身宮 庚子	太陽 權 子女 己亥

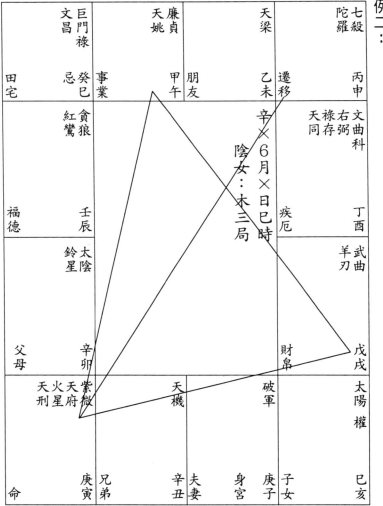

△事實民國九十年離婚。

一、此女命坐紫微天府、火星、加天刑，對宮又有七殺、陀羅，福德宮桃花星重。秘云「羞紅貪宿」命宮又有七殺朝斗格。這代表此人行事作風，喜佔權，且有領導能力，一生中不靠男人照樣能撐起一片天，在個性方面任性、固執、脾氣又大、能駕馭別人，屬於有才華能獨當一面，且又命坐強宮。

二、夫妻宮破軍星，名英星入廟，如逢羊刃為破局，壬午年流年在夫妻宮，流年夫妻宮為羞紅貪宿桃花極重，壬年武曲化忌沖流年夫妻宮，以致夫妻不和導致離婚。

例三：

武曲 忌 破軍 鈴星 左輔 乙巳 事業	太陽 文曲 丙子 朋友	天府 丁未 遷移	文昌 太陰 天機 戊申 疾厄
天同 甲辰 田宅	壬×2月×日 木三局		紫微 權 貪狼 右弼 天空 巳酉 財帛
火星 癸卯 福德			巨門 陀羅 天刑 庚戌 子女
天姚 壬寅 父母	廉貞 七殺 地劫 癸丑 命	天梁 祿 羊刃 壬子 兄弟	天相 祿存 辛亥 夫妻

△事實民國壬戌年四十一歲車禍身亡。

一、大限奴僕宮化忌入本命奴僕宮，這是凶兆。

二、大限疾厄宮化忌入本命疾厄宮，流年疾厄宮亦化忌入本命疾厄宮，逢自化忌，且流年又自化忌出，故車禍身亡。

例四：

祿存 事業 癸巳	天機 權、羊刃、白虎 朋友 甲午	紫微、破軍、地劫 遷移 乙未	天馬、天姚 疾厄 丙申
太陽、天刑、陀羅 田宅 34—44 壬辰	丙×8月×日申時 陽男 土五局		天府、火星、天鉞 財帛 丁酉
武曲、七殺、右弼、天空 福德 25—34 辛卯			太陰 子女 戊戌
天同 祿、天梁、文昌 科 父母 15—24 庚寅	天相 命 5—14 辛丑	巨門、文曲 兄弟 庚子	廉貞、貪狼、鈴星、左輔、右弼 夫妻 辛亥

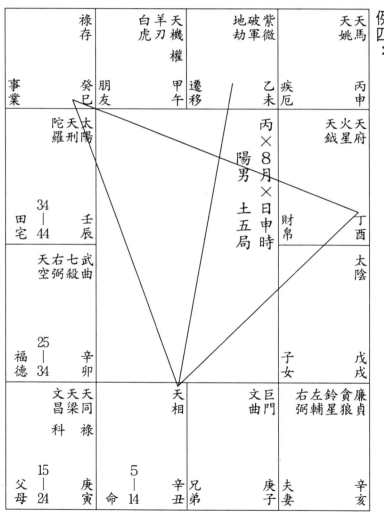

△事實民國甲子年犯官符，被判刑二十年。

一、大限辰宮太陽與陀羅同度。秘云：「暗淚長流」天刑遇天哭、天虛破祖之流。難逃有疾，「太陽逢巨門多競爭」。

二、此人在流年壬戌，便已初嘗苦果，因為太陰逢煞之沖，又太歲併流羊陀沖大限。

三、癸亥年吉凶參半，此人當選立法委員，表面風光，但虛有其表，又流年貪狼廉貞居陷地。秘云：「貪貞巳亥逢吉福豐盛，應過三旬後，防不善終。」紫破命盤，貪貞守巳亥是最不好的宮位，此時也風光一時，福不全美。

四、田宅宮太陽化忌於大限之地，有剋親之兆，又太歲坐巨門，對宮又見羊刃，白虎來沖有官災之兆。此年巨大的產業，因十信風波，一夜之間化為塵埃。而此人，亦遭刑戮，犯官符，判刑二十年。

四十、紫微斗數各論賦

一、紫微斗數總訣

希夷仰觀天上星　作為斗數推人命　不依五星要過節　只論年月日時生
先安身命次定局　紫微天府佈諸星　劫空傷使天魁鉞　天馬天祿帶煞神
前羊後陀并四化　紅鸞天喜火鈴刑　二主大限并小限　流年太歲尋斗君
十二宮分詳廟陷　流年禍福從此分　祿權科忌為四化　惟有忌星最可憎
大小二限若逢忌　未免其人有災迍　科名科甲看魁鉞　文昌文曲主功名
紫府日月諸星聚　富貴皆從天上生　羊陀火鈴為四殺　沖命沖限不為榮
殺破廉貪俱作惡　廟而不陷掌三軍　魁鉞昌加無弗應　若還命限陷尤嗔
尚有流羊陀等宿　此又太歲從流行　更加喪吊白處湊　傷使可以斷生死
若是生時準確者　禍福何有不準平　不準但用三時斷　時有差誤不可憑

此是希夷真口訣　學者須當仔細精　後列星圖并論斷　其中部決最分明
若能依此推人命　何用琴堂講五星

二、百字千金訣

樞庫坐命遇吉　富貴始終亨通　機月梁同福壽　日月左右長生
殺遇終須進退　武破吉化崢嶸　貪貞守垣性劣　昌曲竹廟科名
祿存到處皆靈　最怕羊陀火鈴　巨化吉宿富貴　同凶也不昌榮
魁鉞夾拱發達　一生近貴功名　局中最嫌空劫　諸星不可同宮
（千金斷訣，莫洩愚人。）

三、太微賦

斗數至玄至微，理旨難明，雖設問於各篇之中，猶有言而未盡。至如星之分野，各有所屬，壽夭賢愚，富貴貧賤，不可一概論議，其星分佈一十二垣，數定乎三十六位，入廟為奇，失度為虛，大抵以身命為福德之本，加以根源為窮通之資，星有同纏，數有分定，須明其生剋之要，必詳乎得垣失度之分，觀乎紫微舍纏，司一天儀之象，卒列宿而成垣，土星苟居其垣，若可動移，金星專司財帛，最怕空亡，帝居動則列宿奔馳，貪守空而財源不聚。各司其職，不可參差，苟或不察其機，更忘其變，則數之造化遠矣。

例曰：祿逢沖破，吉處藏凶。馬遇空亡，終身奔走。生逢敗地，發也虛花。絕處逢生，生花而不敗。星臨廟旺，再觀生剋之機，命坐強宮，細察制化之理。日月最嫌反背。祿馬最喜交馳。倘居空亡，得失最為要緊。若逢敗絕，扶持大有奇功。紫微天府全依輔弼之功。七殺破軍專依羊鈴之虐。諸星吉，逢凶也吉。諸星凶，逢吉也凶。輔弼夾帝為上品，桃花犯主為至淫。君臣慶會，才擅經邦。魁鉞同行，位至台輔。祿文拱命，富而且貴。日月夾財，不權則富。馬頭帶箭，威鎮邊疆。刑囚夾印，刑杖惟司。善蔭朝綱，仁慈之長。貴入貴鄉。逢之富貴。財居財位，遇者富奢。太陽居午，謂之日麗中天，有專權之貴，敵國之富。太陰居丑，號曰水澄桂萼，得清要之職，忠諫之才。紫微輔弼同宮，一呼百諾居上品。文耗居寅卯，謂之眾水朝東。日月守，不如照合。蔭福聚，不怕凶危。貪居亥子，名為泛水桃花。忌遇貪狼，號曰風流綵杖。七殺廉貞同位，路上埋屍。破軍暗曜同鄉，水中作塚。祿居僕役，縱有官也奔馳。帝遇凶徒，雖獲吉而無道。帝坐命庫。則曰金轝捧櫛。福安文曜，謂之玉袖天香。太陽會文昌於官祿，皇殿首班之貴。太陰同文曲於妻宮，蟾宮折桂之榮。祿存守於田財，堆金積玉。財蔭坐於遷移，巨商高賈。耗居祿位，沿途乞食。貪會旺宮，終身鼠竊。殺居絕地，天年夭似顏回。貪坐生鄉，壽考永如彭祖。忌暗同居身命疾厄，沈困兀羸。凶星會於父母遷移，刑傷破祖。刑殺同廉貞於官祿，枷杻難逃。官府加刑殺於遷移，離鄉遭配。善蔭居空位，天竺生涯。輔弼單守命宮，離宗庶出。七殺臨於身位，逢擎羊戰陣而亡。羊鈴合於命宮，遇白虎須當刑戮。官府發於吉曜。流殺怕逢破軍。羊鈴憑太歲以引行。病符官府皆作禍。奏書博士與流祿，盡作吉祥。力士將軍同青龍，顯其權祿。童子限如水上之漚，老人限似風中之燭，遇殺無制，乃流年最忌。人生榮辱，限元必有休咎，處世孤貧，命限逢乎駁雜。學者至此，誠玄微矣。

四、增補太微賦

前後兩凶神為兩鄰，加侮尚可撐持。同室與謀，最難提防。劫空親戚無當。權祿行藏靡定。君子哉魁鉞。小人也羊鈴。凶不皆凶，吉無純吉。主強賓弱，可保無虞。主弱賓強，凶危立見。主賓得失兩相宜，運限命身當互見。身命最嫌羊陀七殺，遇之未免為凶。二限甚忌貪破巨廉，逢之定然作禍。命遇魁昌當得貴，限逢紫府定多財，凡觀女人之命，先觀夫子二宮，若值殺星定三嫁，而心不足，或逢羊陀須啼哭而淚不乾。若觀男命，始以福財為主，再審遷移何如。二限相因，吉凶同斷。限逢吉曜，平生動用和諧。命坐凶鄉，一世求謀齟齬。廉祿臨身，女得純陰貞潔之德。同梁守命，男得純陽中正之心。君子命中亦有羊陀火鈴，小人命內豈無科祿權星，要看得垣失垣，專論入廟失廟。若論小兒，詳推童限，小兒命坐凶鄉，三五歲必然夭折，更有限逢惡殺，五七歲必主災亡。文昌文曲天魁秀，不讀詩書也可人。多學少成，只為擎羊逢劫殺。為人好訟，蓋因太歲遇官府。命之理微，熟察星辰之變化。數之理遠，細詳格局之興衰。比極加凶殺，為僧為道。羊陀遇惡星，為奴為僕。如武破廉貞，固深謀而貴顯，加羊陀空劫，反小志以孤寒，限輔星旺，限雖弱而不弱。命臨吉地，命雖凶而不凶。斷橋截空，大小難行。卯酉二空，聰明發福。身命遇紫府，疊積金銀。二主逢劫空，依食不足。謀而不遂，命限遇入擎羊。東作西成，身限遭逢輔相。科權祿拱，定為攀桂之高人。空劫羊鈴，作九流之術士。情懷暢舒，昌曲命身。詭詐浮虛，羊陀陷地。天機天梁擎羊會，早有刑而晚見孤。貪狼武曲廉貞逢，少受貧而後享福。此皆斗數之奧妙，學者宜熟思之。

五、斗數骨髓賦

太極星纏，乃群宿眾星之主。天門運限，即扶身助命之原。在天則運用無常，在人則命有格局。先明格局，次看吉凶。要知一世之榮枯，定看五行之宮位。立命便知貴賤，安身即曉根基。第一先看福德，再三細考遷移，分對宮之體用，定三合之源流，命無正曜，殀折孤貧，吉有凶星，美玉瑕玷。

既得根基堅固，須知合局相生，堅固則富貴延壽，相生則財官昭著。

命好、身好、限好，到老榮昌。命衰、身衰、限衰、終身貧賤。夾貴、夾祿、少人知、夾權、夾科世所宜。夾月、夾日、雖能遇。夾昌、夾曲，主貴兮。夾空、夾劫，主貧賤。夾羊、夾陀，為乞丐。廉貞七殺，反為積富之人。天梁太陰，卻作飄蓬之客。廉貞主下賤之孤寒。太陰主一生之快樂。先貧後富，武貪同身命之宮。先富後貧，只為運限逢劫殺。出世榮華，權祿守財福之位。生來貧賤，劫空臨財福之鄉。文昌文曲，為人多學多能，左輔右弼，秉性克寬克厚。天府天相，乃為依祿之神，為仕為官，定主亨通之兆。苗而不秀，科名陷於凶神。發不主財，祿主纏於弱地。七殺朝斗，爵祿榮昌。紫府同宮，終身福厚。紫微居午，無殺湊，位至公卿。天府臨戍，有星扶，腰金衣紫。科權祿拱，名譽昭彰。武曲廟垣，威名顯赫奕。科明祿暗，位列三台。日月同臨，官居侯伯。巨機同宮，公卿之位。貪鈴並守，將相之名。天魁天鉞，蓋世文章。天祿天馬，驚人甲第。左輔文昌會吉星，尊居八座。貪狼火星居廟旺，名振諸邦。巨日同宮，官封三代。紫府朝垣，食祿萬鍾。

科權對拱，躍三汲於禹門。日月並明，佐九重於堯殿。府相同來會命宮，全家食祿。三合明珠生旺地，穩步蟾宮。七殺破軍宜出外。機月同梁作吏人。紫府日月居旺地，斷定公侯器。日月科祿丑未中，定是方伯公。天梁天馬陷，飄蕩無疑。廉貞殺不加，聲名遠播。日照雷門，富貴榮華。月朗天門，進爵封侯。寅逢府相，位登一品之榮。墓逢左右，尊居八座之貴。梁居午位，官資清顯。曲遇梁星，位至台綱。科祿巡逢，周勃欣然入相。文星暗拱，賈誼允矣登科。擎羊火星，威權出眾。同行貪武，威壓邊夷。李廣不封，擎羊逢於力士。顏回夭折，文昌陷於天傷。仲由猛烈。廉貞入廟遇將軍。子羽才能，巨宿同梁沖且合。寅申最喜同梁會，辰戌應嫌陷巨門。祿倒馬倒，忌太歲之合劫空。運衰限衰，喜紫微之解凶惡。孤貧多有壽，富貴即夭亡。吊客喪門，綠珠有墜樓之厄。官符太歲，公治有縲洩之憂。限至天羅地網，屈原溺水而亡。運遇地劫地空，阮籍有貧窮之苦。文昌文曲會廉貞，喪命英年。命空限空無吉湊，功名蹭蹬。生逢地空，猶如半夭折翅。命中遇劫，恰如浪裡行船。項羽英雄，限至地空而喪國。石崇豪富，限行劫地以亡家。呂后專權，兩重天祿天馬。楊妃好色，三合文曲文昌。天梁遇馬，女命賤而且淫。昌曲夾墀，男命貴而且顯。極居卯酉，多為脫俗僧人。貞居卯酉，定是公門胥吏。左府同宮，尊居萬乘。廉貞七殺，流蕩天涯。鄧通餓死，運逢大耗之鄉。夫子絕糧，限到天傷之內。鈴昌羅武，限至投河。巨火擎羊，終身縊死。命裡逢空，不飄流即主貧苦。馬頭帶箭，非夭折即主刑傷。子午破軍，加官進祿。昌貪居命，粉骨碎屍。朝斗仰斗，爵祿榮昌。文桂文華，九重貴顯。丹墀桂墀，早遂青雲之志。合祿拱祿，定為巨擘之臣。陰陽會昌曲，出世榮華。輔弼遇財官，衣緋著紫。巨梁相會廉貞併合祿，鴛鴦一世榮。武曲閑宮多手藝，貪狼陷地作屠人。天祿朝垣，身榮顯貴。魁星臨命，位列三台。武曲戌亥上，最怕逢貪狼。化祿還為好，休向墓中藏。子午巨門，石中隱玉。明祿暗祿，錦上添花。紫微辰戌遇破軍，富而不貴有虛名。昌曲破軍逢，刑剋多勞碌。貪武墓中居，三十纔發福。天同戌宮為反背，丁人化吉主大貴。巨門辰戌為陷地，辛人化吉祿崢嶸。巨機酉上化吉者，縱遇財官也不榮。日月最嫌反背，乃為失輝。身命定要精求，恐差分數。陰騭延年增百福，至於陷地不遭傷。命實運堅，槁田得雨。命衰限弱，嫩草遭傷。論命必推星善惡，巨破擎羊性必剛。府相同梁性必好，失劫空貪性不常。昌曲祿機清秀巧。陰陽左右最慈祥。武破廉貪沖合曲全固貴，羊陀七殺相雜互見則傷。貪狼廉貞破軍惡，七殺擎羊陀羅凶。火星鈴星專作禍，劫空殤使禍重重。巨門忌星皆不吉，「身命運限忌相逢。更兼太歲官符至，官非口舌決不空。吊客喪門又相遇，管教災病兩相攻。七殺守身終是夭」，貪狼入命必為娼。心好命微亦主壽，心毒命固卻夭亡。今人命有千金貴，運去之時豈久長，數內包藏多少理，學者須當仔細詳。

六、女命骨髓賦

府相之星女命纏，必當子貴與夫賢。廉貞清白能相守。更有天同理亦然。端正紫微太陽星，早遇賢夫信可憑。太陽寅到午，遇吉終是福。左輔天魁為福壽，右弼天鉞福來臨。祿存厚重多衣食，府相朝垣命必榮。紫府巳亥相互輔，左右扶持福必生。巨門天機為破蕩。天梁月曜女淫貧。擎羊火星為下賤。

文昌文曲福不全。武曲之星為寡宿。破軍一曜性難明。貪狼嫉妒多淫佚。七殺沈吟福不榮。十干化祿最榮昌，女命逢之大吉祥，更得祿存相湊合，旺夫益子受恩光。火鈴羊陀及巨門，地空地劫又相臨，貪狼七殺廉貞宿，武曲加臨剋害侵。三方四正嫌逢殺，更在夫宮禍患深，若值本宮無正曜，必主生離剋害真。

七、形性賦

原夫紫微帝座，生為厚重之容。天機為不長不短之資，情懷好善。太陽相貌雄壯，面方圓滿，聰明慈愛，不較是非。武曲乃至剛至毅之操，心性果決；天同肥滿，目秀清奇。廉貞眉寬口闊面橫，為人性暴，好忿好爭；天府尊星，當主純和之體，聰明清秀，多學多能。太陰聰明清秀，心性溫和，度量寬宏，博學多能。貪狼為善惡之星，入廟必應長聳。出垣必定頑嚚。巨門乃是非之曜，在廟敦厚溫良。天相精神相貌持重。天梁穩重，玉潔冰清。七殺目大凶狠，性急，喜怒不常。破軍不仁，背厚眉寬，行坐腰斜奸詐好行驚險。俊雅文昌，眉清目秀。磊落文曲，口舌便佞，在廟定生異痣，失陷必有斑痕。左輔右弼溫良，規模端莊高士。天魁天鉞具見威儀，重合三台則十全模範。性貌持重和藹，乃是祿存之盛德。擎羊陀羅，形醜貌陋，有矯詐體態。火星剛強出眾，毛髮多異，唇齒四肢有傷。鈴星性毒破相，膽大出眾。星論廟旺，最怕空亡。殺落空亡，竟無威力。權祿乃九竅之奇。耗劫散平生之福。祿逢梁蔭，抱私財益與他人，耗遇貪狼，逞淫情於井底。貪星入於馬垣，易善易惡；惡曜扶同善曜，稟性不常。財居空亡，巴三攬四。文曲旺宮，聞一知十。男居生旺，最要得地。女居死絕，專看福德。命最嫌立於敗位，財源卻怕逢空亡。機刑殺蔭孤星，論嗣續之官，加惡星忌耗不為奇特。陀耗囚之星。守父母之纏，決然破祖刑傷兼之，立里格宜相，根基要察。紫微肥滿天府精神。祿存祿主，也應厚重。日月曲相同梁機昌，皆為美俊之姿，乃是清奇之格，上長下短，目秀眉清。貪狼同武曲，形小聲高而量大。天同加陀忌，肥滿而目渺。擎羊身體遭傷，若遇火鈴巨暗，必生異痣，又值耗殺，定主形醜貌陋。若居死絕之限，童子乳哺，徒勞其力。老者臨於死絕之地，亦然壽終。此數中之綱領，乃星緯之機關，玩味專精，以參玄妙。限有高低，星尋喜怒，假如運限駁雜，終有浮沉。如逢殺地，更要推詳；倘遇空亡，必須細察。精研於此，不患不神。

八、斗數準繩

命居生旺定富貴，各有所宜。身坐空亡論榮枯，專求其要。紫微帝座在南極，不能施功。天府令星居南地，專能為福。天機四殺同宮，也善三分。太陰火鈴同位，反成十惡。貪狼為惡宿，入廟不凶。巨門為惡曜，得垣尤美。諸凶在緊要之鄉，最宜制剋。擎羊在身命之位，卻受孤單。若見殺星倒限最凶，福蔭臨之庶幾可解。大抵在人之機變，更加作意之推詳。辨生剋制化以窮通，看好惡正偏以言禍福。官星居於福地，近貴榮財。福星居於官位，卻成無用。身命得星為要，限度遇吉為榮。若言子媳有無，專在擎羊耗殺，逢之則喜，妻妾亦然。相貌逢凶，必帶破相。疾厄逢忌，定主尪羸。須言定數以求玄，更再同年之相合，總為綱領，用作準繩。

九、斗數發微論

紫微斗數與五星不同，按此星辰與諸術大異。四正吉星定為貴，三方殺拱少為奇。對照兮，詳凶詳吉；合照兮，觀賤觀榮。吉星入垣則為吉，凶星得地則為凶。命逢紫府，非特壽而且榮；身遇殺星，不但貧而且賤。左右會於紫府，極品之尊。科權限於凶鄉，功名蹭蹬。得限逢乎弱地，未必為災。立命會在強宮，必能降福。羊陀七殺限運莫逢，逢之定有刑傷（劫空傷使在內合斷）。天哭喪門流年莫遇，遇之實防破害。南斗主限必生男，北斗加臨先得女。科星居於陷地，燈火辛勤。昌曲在於凶鄉，林泉冷淡。奸謀頻設，紫微愧遇破軍。淫奔大行，紅鸞羞遭貪宿。命身相剋，則心亂而不閑。玄媼（即天姚星）三宮，則淫邪而耽酒。殺臨三位定然妻子不和。巨到二宮，必是兄弟無義，刑殺守子宮，子難奉老。諸凶照財帛，聚散無常。羊陀疾厄，眼目昏盲。火星到遷移，長途寂寞；尊星列賤位，主人多勞。官祿遇紫府，富而且貴。田宅遇破軍，先破後成。福德遇劫空，奔走無力。相貌加刑殺，刑剋難免。學者執此推詳，萬無一失。

十、星垣論

紫微帝座以輔弼為佐貳，做數中之主星，乃有用之源流。是以南北二斗集而成數，為萬物之靈。蓋以水淘溶，則陰陽既濟，水盛陽傷，火盛陰滅，二者不可偏廢，故得其中者，斯為美矣。寅乃木之垣，乃三陽交泰之時，草木萌芽之所主，於卯位其木愈旺矣，貪狼天機是廟樂，故得天相水到寅為之旺相，巨門水到卯為之疏通，木乃土栽培，加以水之澆灌。三方更得文曲水，破軍水相會，尤妙，又加祿存土極美矣。巨門水到丑，天梁土到未，陀羅金到於四墓之所，苟或得擎羊金相會，以土為金墓，則金通不凝。加以天府土，天同水以生之。是為金趁土肥，順其德以生成。夫巳午乃火位，巳為水土所絕之地，更午垣之火餘氣流於巳，水則倒流，水氣逆焰必歸於巳。午屬火德，能生於巳絕之土，所以廉貞火居焉。至於午火旺照離明，洞徹表裡，而文曲水入廟。若會紫府則魁星拱斗，加以天機木、貪狼木，謂之變景，愈加奇特。申酉屬金，乃西方太白之氣，武曲居申而好生，擎羊在酉為用殺，加以巨門，祿存，陀羅而助之愈急，須得逆行逢善化惡，是謂妙用。亥水屬文曲、破軍之廟地，乃文明清高之星，萬里源流之急，如大川之澤，不為焦枯。居於亥位，將入天河，是故為妙。破軍水於子旺之鄉，如巨海之浪，澎湃洶湧，可遠觀而不可近倚，破軍是以居焉。若四墓之剋，充其瀰漫，亥子上文曲必得武曲之金使其源流不絕，方為妙矣。其餘諸星以身命推之，無施不可至玄至妙者矣。

四十一、命盤排法

十干所屬表

陰陽
五行

所屬＼十干	陰陽	五行
甲	陽	木
乙	陰	
丙	陽	火
丁	陰	
戊	陽	土
己	陰	
庚	陽	金
辛	陰	
壬	陽	水
癸	陰	

註：陽年生人，男為陽男，女為陽女。
陰年生人，男為陰男，女為陰女。

十二支所屬表

陰陽、五行、生肖。

所屬＼十干	陰陽	五行	生肖
子	陽	水	鼠
丑	陰	土	牛
寅	陽	木	虎
卯	陰	木	兔
辰	陽	土	龍
巳	陰	火	蛇
午	陽	火	馬
未	陰	土	羊
申	陽	金	猴
酉	陰	金	雞
戌	陽	土	狗
亥	陰	水	豬

1 命宮及身宮

生時＼生月		正月	二月	三月	四月	五月	六月	七月	八月	九月	十月	十一月	十二月
子	命身	寅	卯	辰	巳	午	未	申	酉	戌	亥	子	丑
丑	命	丑	寅	卯	辰	己	午	未	申	酉	戌	亥	子
	身	卯	辰	巳	午	未	申	酉	戌	亥	子	丑	寅
寅	命	子	丑	寅	卯	辰	巳	午	未	申	酉	戌	亥
	身	辰	巳	午	未	申	酉	戌	亥	子	丑	寅	卯
卯	命	亥	子	丑	寅	卯	辰	巳	午	未	申	酉	戌
	身	巳	午	未	申	酉	戌	亥	子	丑	寅	卯	辰
辰	命	戌	亥	子	丑	寅	卯	辰	巳	午	未	申	酉
	身	午	未	申	酉	戌	亥	子	丑	寅	卯	辰	巳
巳	命	酉	戌	亥	子	丑	寅	卯	辰	巳	午	未	申
	身	未	申	酉	戌	亥	子	丑	寅	卯	辰	巳	午
午	命身	申	酉	戌	亥	子	丑	寅	卯	辰	巳	午	未
未	命	未	申	酉	戌	亥	子	丑	寅	卯	辰	巳	午
	身	酉	戌	亥	子	丑	寅	卯	辰	巳	午	未	申
申	命	午	未	申	酉	戌	亥	子	丑	寅	卯	辰	巳
	身	戌	亥	子	丑	寅	卯	辰	巳	午	未	申	酉
酉	命	巳	午	未	申	酉	戌	亥	子	丑	寅	卯	辰
	身	亥	子	丑	寅	卯	辰	巳	午	未	申	酉	戌
戌	命	辰	巳	午	未	申	酉	戌	亥	子	丑	寅	卯
	身	子	丑	寅	卯	辰	巳	午	未	申	酉	戌	亥
亥	命	卯	辰	巳	午	未	申	酉	戌	亥	子	丑	寅
	身	丑	寅	卯	辰	巳	午	未	申	酉	戌	亥	子

2 安十二宮表

父母	福德	田宅	事業	交友	遷移	疾厄	財帛	子女	夫妻	兄弟	命宮
丑	寅	卯	辰	巳	午	未	申	酉	戌	亥	子
寅	卯	辰	巳	午	未	申	酉	戌	亥	子	丑
卯	辰	巳	午	未	申	酉	戌	亥	子	丑	寅
辰	巳	午	未	申	酉	戌	亥	子	丑	寅	卯
巳	午	未	申	酉	戌	亥	子	丑	寅	卯	辰
午	未	申	酉	戌	亥	子	丑	寅	卯	辰	巳
未	申	酉	戌	亥	子	丑	寅	卯	辰	巳	午
申	酉	戌	亥	子	丑	寅	卯	辰	巳	午	未
酉	戌	亥	子	丑	寅	卯	辰	巳	午	未	申
戌	亥	子	丑	寅	卯	辰	巳	午	未	申	酉
亥	子	丑	寅	卯	辰	巳	午	未	申	酉	戌
子	丑	寅	卯	辰	巳	午	未	申	酉	戌	亥

3 安十二宮天干表

十二宮／木生年干	甲己	乙庚	丙辛	丁壬	戊癸
寅	丙	戊	庚	壬	甲
卯	丁	己	辛	癸	乙
辰	戊	庚	壬	甲	丙
巳	己	辛	癸	乙	丁
午	庚	壬	甲	丙	戊
未	辛	癸	乙	丁	己
申	壬	甲	丙	戊	庚
酉	癸	乙	丁	己	辛
戌	甲	丙	戊	庚	壬
亥	乙	丁	己	辛	癸
子	丙	戊	庚	壬	甲
丑	丁	己	辛	癸	乙

4 定五行局表

命宮地支／命宮天干	甲乙	丙丁	戊己	庚辛	壬癸
子丑	金四局	水二局	水六局	土五局	木三局
寅卯	水二局	火六局	土五局	木三局	金四局
辰巳	火六局	土五局	木三局	金四局	水二局
午未	金四局	水二局	火六局	土五局	木三局
申酉	水二局	火六局	土五局	木三局	金四局
戌亥	火六局	土五局	木三局	金四局	水二局

5 起大限表

父母宮	福德宮	田宅宮	事業宮	交友宮	遷移宮	疾厄宮	財帛宮	子女宮	夫妻宮	兄弟宮	命宮	大限宮位／陰陽男女	五行局
12-21	22-31	32-41	42-51	52-61	62-71	72-81	82-91	92-101	102-111	112-121	2-11	陽男 陰女	水二局
112-121	102-111	92-101	82-91	72-81	62-71	52-61	42-51	32-41	22-31	12-21	2-11	陰男 陽女	水二局
13-22	23-32	33-42	43-52	53-62	63-72	73-82	83-92	93-102	103-112	113-122	3-12	陽男 陰女	木三局
113-122	103-112	93-102	83-92	73-82	63-72	53-62	43-52	33-42	23-32	13-22	3-12	陰男 陽女	木三局
14-23	24-33	34-43	44-53	54-63	64-73	74-83	84-93	94-103	101-113	114-123	4-13	陽男 陰女	金四局
114-123	104-113	94-103	84-93	74-83	64-73	54-63	44-53	34-43	24-33	14-23	4-13	陰男 陽女	金四局
15-24	25-34	35-44	45-54	55-64	65-74	75-84	85-94	95-104	105-114	115-124	5-14	陽男 陰女	土五局
115-124	105-114	95-104	85-94	75-84	65-74	55-64	45-54	35-44	25-34	15-24	5-14	陰男 陽女	土五局
16-25	26-35	36-45	46-55	56-65	66-75	76-85	86-95	96-105	106-115	116-125	6-15	陽男 陰女	火六局
116-125	106-115	96-105	86-95	76-85	66-75	56-65	46-55	36-45	26-35	16-25	6-15	陰男 陽女	火六局

6 安紫微表

火六局	土五局	金四局	木三局	水二局	五行局＼生日
酉	午	亥	辰	丑	初一
午	亥	辰	丑	寅	初二
亥	辰	丑	寅	寅	初三
辰	丑	寅	巳	卯	初四
丑	寅	子	寅	卯	初五
寅	未	巳	卯	辰	初六
戌	子	寅	午	辰	初七
未	巳	卯	卯	巳	初八
子	寅	丑	辰	巳	初九
巳	卯	午	未	午	初十
寅	申	卯	辰	午	十一
卯	丑	辰	巳	未	十二
亥	午	寅	申	未	十三
申	卯	未	巳	申	十四
丑	辰	辰	午	申	十五
午	酉	巳	酉	酉	十六
卯	寅	卯	午	酉	十七
辰	未	申	未	戌	十八
子	辰	巳	戌	戌	十九
酉	巳	午	未	亥	二十
寅	戌	辰	申	亥	二一
未	卯	酉	亥	子	二二
辰	申	午	申	子	二三
巳	巳	未	酉	丑	二四
丑	午	巳	子	丑	二五
戌	亥	戌	酉	寅	二六
卯	辰	未	戌	寅	二七
申	酉	申	丑	卯	二八
巳	午	午	戌	卯	二九
午	未	亥	亥	辰	三十

7 安紫微後諸曜表

紫微＼諸曜	天機	太陽	武曲	天同	廉貞
子	亥	酉	申	未	辰
丑	子	戌	酉	申	巳
寅	丑	亥	戌	酉	午
卯	寅	子	亥	戌	未
辰	卯	丑	子	亥	申
巳	辰	寅	丑	子	酉
午	巳	卯	寅	丑	戌
未	午	辰	卯	寅	亥
申	未	巳	辰	卯	子
酉	申	午	巳	辰	丑
戌	酉	未	午	巳	寅
亥	戌	申	未	午	卯

8 安天府星

紫微	天府
子	辰
丑	卯
寅	寅
卯	丑
辰	子
巳	亥
午	戌
未	酉
申	申
酉	未
戌	午
亥	巳

9 安天府以下諸曜表

破軍	七殺	天梁	天相	巨門	貪狼	太陰	諸曜／天府
戌	午	巳	辰	卯	寅	丑	子
亥	未	午	巳	辰	卯	寅	丑
子	申	未	午	巳	辰	卯	寅
丑	酉	申	未	午	巳	辰	卯
寅	戌	酉	申	未	午	巳	辰
卯	亥	戌	酉	申	未	午	巳
辰	子	亥	戌	酉	申	未	午
巳	丑	子	亥	戌	酉	申	未
午	寅	丑	子	亥	戌	酉	申
未	卯	寅	丑	子	亥	戌	酉
申	辰	卯	寅	丑	子	亥	戌
酉	巳	辰	卯	寅	丑	子	亥

10 安干系諸星表

出生年干／諸星	祿存	擎羊	陀羅	天魁	天鉞	天官	天福	天廚	截空	
甲	寅	卯	丑	丑	未	未	酉	巳	申	酉
乙	卯	辰	寅	子	申	辰	申	午	午	未
丙	巳	午	辰	亥	酉	巳	子	子	辰	巳
丁	午	未	巳	亥	酉	寅	亥	巳	寅	卯
戊	巳	午	辰	丑	未	卯	卯	午	子	丑
己	午	未	巳	子	申	酉	寅	申	申	酉
庚	申	酉	未	丑	未	亥	午	寅	午	未
辛	酉	戌	申	午	寅	酉	巳	午	辰	巳
壬	亥	子	戌	卯	巳	戌	午	酉	寅	卯
癸	子	丑	亥	卯	巳	午	巳	亥	子	丑

11 安支系諸星表

出生年支／諸星	天馬	天空	天哭	天虛	龍池	鳳閣	紅鸞	天喜	孤辰	寡宿
子	寅	丑	午	午	辰	戌	卯	酉	寅	戌
丑	亥	寅	巳	未	巳	酉	寅	申	寅	戌
寅	申	卯	辰	申	午	申	丑	未	巳	丑
卯	巳	辰	卯	酉	未	未	子	午	巳	丑
辰	寅	巳	寅	戌	申	午	亥	巳	巳	丑
巳	亥	午	丑	亥	西	巳	戌	辰	申	辰
午	申	未	子	子	戌	辰	酉	卯	申	辰
未	巳	申	亥	丑	亥	卯	申	寅	申	辰
申	寅	酉	戌	寅	子	寅	未	丑	亥	未
酉	亥	戌	酉	卯	丑	丑	午	子	亥	未
戌	申	亥	申	辰	寅	子	巳	亥	亥	未
亥	巳	子	未	巳	卯	亥	辰	戌	寅	戌

出生年支＼諸星	天壽	天才	月德	天德	年解	劫煞	大耗	咸池	華蓋	破碎	蜚廉
子	由身宮起子，順行，數至本生年支，即安天壽星。	命宮	巳	酉	戌	巳	未	酉	辰	巳	申
丑		父母	午	戌	酉	寅	午	午	丑	丑	酉
寅		福德	未	亥	申	亥	酉	卯	戌	酉	戌
卯		田宅	申	子	未	申	申	子	未	巳	巳
辰		事業	酉	丑	年	巳	亥	酉	辰	丑	午
巳		交友	戌	寅	巳	寅	戌	午	丑	酉	未
午		遷移	亥	卯	辰	亥	丑	卯	戌	巳	寅
未		疾厄	子	辰	卯	申	子	子	未	丑	卯
申		財帛	丑	巳	寅	巳	卯	酉	辰	酉	辰
酉		子女	寅	午	丑	寅	寅	午	丑	巳	亥
戌		夫妻	卯	未	子	亥	巳	卯	戌	丑	子
亥		兄弟	辰	申	亥	申	辰	子	未	酉	丑

12 安月系諸星表

出生月份 \ 諸星	左輔	右弼	天刑	天姚	解神	天巫	天月	陰煞
正月	辰	戌	酉	丑	申	巳	戌	寅
二月	巳	酉	戌	寅	申	申	巳	子
三月	午	申	亥	卯	戌	寅	辰	戌
四月	未	未	子	辰	戌	亥	寅	申
五月	申	午	丑	巳	子	巳	未	午
六月	酉	巳	寅	午	子	申	卯	辰
七月	戌	辰	卯	未	寅	寅	亥	寅
八月	亥	卯	辰	申	寅	亥	未	子
九月	子	寅	巳	酉	辰	巳	寅	戌
十月	丑	丑	午	戌	辰	申	午	申
十一月	寅	子	未	亥	午	寅	戌	午
十二月	卯	亥	申	子	午	亥	寅	辰

13 安日系諸星表

	安星方法
三台	由左輔所坐的宮位起初一，順行，數到本生日。
八座	由右弼所坐的宮位起初一，逆行，數到本生日。
恩光	由文昌所坐的宮位起初一，順行，數到本生日再退後一步。
天貴	由文曲所坐的宮位起初一，順行，數到本生日再退後一步。

14 安時系諸星表

				亥卯未		巳酉丑		申子辰		寅午戌				出生年支
封誥	台輔	地空	地劫	鈴星	火星	鈴星	火星	鈴星	火星	鈴星	火星	文曲	文昌	諸星／本生時
寅	午	亥	亥	戌	酉	戌	卯	戌	寅	卯	丑	辰	戌	子
卯	未	戌	子	亥	戌	亥	辰	亥	卯	辰	寅	巳	酉	丑
辰	申	酉	丑	子	亥	子	巳	子	辰	巳	卯	午	申	寅
巳	酉	申	寅	丑	子	丑	午	丑	巳	午	辰	未	未	卯
午	戌	未	卯	寅	丑	寅	未	寅	午	未	巳	申	午	辰
未	亥	午	辰	卯	寅	卯	申	卯	未	申	午	酉	巳	巳
申	子	巳	巳	辰	卯	辰	酉	辰	申	酉	未	戌	辰	午
酉	丑	辰	午	巳	辰	巳	戌	巳	酉	戌	申	亥	卯	未
戌	寅	卯	未	午	巳	午	亥	午	戌	亥	酉	子	寅	申
亥	卯	寅	申	未	午	未	子	未	亥	子	戌	丑	丑	酉
子	辰	丑	酉	申	未	申	丑	申	子	丑	亥	寅	子	戌
丑	巳	子	戌	酉	申	酉	寅	酉	丑	寅	子	卯	亥	亥

15 安四化星表

年干	化祿	化權	化科	化忌
甲	廉貞	破軍	武曲	太陽
乙	天機	天梁	紫微	太陰
丙	天同	天機	文昌	廉貞
丁	太陰	天同	天機	巨門
戊	貪狼	太陰	太陽	天機
己	武曲	貪狼	天梁	文曲
庚	太陽	武曲	天府	天同
辛	巨門	太陽	文曲	文昌
壬	天梁	紫微	天府	武曲
癸	破軍	巨門	太陰	貪狼

16 安長生十二神表

五行局	順逆	長生	沐浴	冠帶	臨官	帝旺	衰	病	死	墓	絕	胎	養
水二局	陽男陰女	申	酉	戌	亥	子	丑	寅	卯	辰	巳	午	未
	陰男陽女		未	午	巳	辰	卯	寅	丑	子	亥	戌	酉
木三局	陽男陰女	亥	子	丑	寅	卯	辰	巳	午	未	申	酉	戌
	陰男陽女		戌	酉	申	未	午	巳	辰	卯	寅	丑	子
金四局	陽男陰女	巳	午	未	申	酉	戌	亥	子	丑	寅	卯	辰
	陰男陽女		辰	卯	寅	丑	子	亥	戌	酉	申	未	午
土五局	陽男陰女	申	酉	戌	亥	子	丑	寅	卯	辰	巳	午	未
	陰男陽女		未	午	巳	辰	卯	寅	丑	子	亥	戌	酉
火六局	陽男陰女	寅	卯	辰	巳	午	未	申	酉	戌	亥	子	丑
	陰男陽女		丑	子	亥	戌	酉	申	未	午	巳	辰	卯

17 安博士十二星表

祿存	博士
不分男女皆從祿存起。陽男陰女順行。陰男陽女逆行。	力士
	青龍
	小耗
	將軍
	奏書
	飛廉
	喜神
	病符
	大耗
	伏兵
	官符

18 流年歲前諸星表

歲支＼諸星	歲建	晦氣	喪門	貫索	官符	小耗	歲破	龍德	白虎	天德	弔客	病符
子	子	丑	寅	卯	辰	巳	午	未	申	酉	戌	亥
丑	丑	寅	卯	辰	巳	午	未	申	酉	戌	亥	子
寅	寅	卯	辰	巳	午	未	申	酉	戌	亥	子	丑
卯	卯	辰	巳	午	未	申	酉	戌	亥	子	丑	寅
辰	辰	巳	午	未	申	酉	戌	亥	子	丑	寅	卯
巳	巳	午	未	申	酉	戌	亥	子	丑	寅	卯	辰
午	午	未	申	酉	戌	亥	子	丑	寅	卯	辰	巳
未	未	申	酉	戌	亥	子	丑	寅	卯	辰	巳	午
申	申	酉	戌	亥	子	丑	寅	卯	辰	巳	午	未
酉	酉	戌	亥	子	丑	寅	卯	辰	巳	午	未	申
戌	戌	亥	子	丑	寅	卯	辰	巳	午	未	申	酉
亥	亥	子	丑	寅	卯	辰	巳	午	未	申	酉	戌

19 安流年將前諸星表

諸星＼流年年支	寅午戌	申子辰	巳酉丑	亥卯未
將星	午	子	酉	卯
攀鞍	未	丑	戌	辰
歲驛	申	寅	亥	巳
息神	酉	卯	子	午
華蓋	戌	辰	丑	未
劫煞	亥	巳	寅	申
災煞	子	午	卯	酉
天煞	丑	未	辰	戌
指背	寅	申	巳	亥
咸池	卯	酉	午	子
月煞	辰	戌	未	丑
亡神	巳	亥	申	寅

21 安旬空表

年支						年干
寅	辰	午	申	戌	子	甲
卯	巳	未	酉	亥	丑	乙
辰	午	申	戌	子	寅	丙
巳	未	酉	亥	丑	卯	丁
午	申	戌	子	寅	辰	戊
未	酉	亥	丑	卯	巳	己
申	戌	子	寅	辰	午	庚
酉	亥	丑	卯	巳	未	辛
戌	子	寅	辰	午	申	壬
亥	丑	卯	巳	未	酉	癸
子	寅	辰	午	申	戌	旬空
丑	卯	巳	未	酉	亥	旬空

四十二、六十甲子納音解析

甲子、乙丑、海中金：

雖知有心機，卻不知其心想何物，心中想做某事，卻不敢去做，此人對父母長輩很尊敬與孝順，屬於害羞型，缺乏衝勁。

丙寅、丁卯、爐中火：

心大、量大、慾望也大、可容納萬物，脾氣很大，易受他人煽動，若格局好運好，可顯現才華，可造就他人，可聞名於世。

戊辰、己巳、大林木：

不求表現突出，喜平凡、俱凌雲蔽日的愛心，但也人云亦云，缺乏自己獨特的形象。

庚午、辛未、路旁土：

缺乏突破能力，具真性子，不懂歪曲，人直爽，心性正直，但脾氣有點暴躁，倔強，容易發火，後勁足、耐力強、不會虎頭蛇尾，只是善惡之念較差。

壬申、癸酉、劍峰金：

能自顯才華，意志堅強，而有高大的志向，冷酷、貞潔、口氣尖銳，剛毅精強，鋒芒外露果斷。

甲戌、乙亥、山頭火：

外明內暗、隱亦不顯，心機深、府城深，深沉不露、喜怒不形於色，喜出風頭，運好機會好，如燎原之火，極無窮盡，性烈。

丙子、丁丑、澗下水：

兩山中間的深溝，小溪流，心地狹，私慾重、長相略帶陰沈。

戊寅、己卯、城頭土：

此土雄心勃勃，志在千里包容萬物，心高氣傲，慾望高，表面坦誠，略帶熱忱。

庚辰、辛巳、白蠟金：

此金未經琢磨的粗玉，此人心地光明，直爽思想原始，單純學有專長。

壬午、癸未、楊柳木：

心思細，情愫多端，易見風轉舵一面，倒於偏袒，庇護一方，在人面前總是順著人家，但內心是否如此則不得而知了。

甲申、乙酉、泉中水：

看不出其心，心雖不大，卻取之不盡，慾望則無窮，清冷，缺乏熱心，不是沒有愛心，只是缺乏自動自發的精神。

丙戌、丁亥、屋上土：

此土為瓦，而此瓦脆弱，心存依賴，更存愛心，易為瓦下之人擋風雨擋雪霜。

戊子、己丑、霹靂火：

重聲勢，孤注一擲，後繼無力，喜大場面、大生意，喜施號令他人，老闆味十足，而是此火行事常在他人意料之外，很果斷。

庚寅、辛卯、松柏木：

土堅毅力強，經得起任何考驗，而不氣餒，百折不撓，心大、志高，常求自己出人頭地，但卻失之本身的要求過高。

壬辰、癸巳、長流水：（即河川）

私慾極重，喜佔小便宜，永不吃虧，心不大，喜計較，眼光看得很遠。

甲午、乙未、沙中金：

學而不精，似懂非懂，個性堅定，踏實、粗拙、突出、很需要有人加以督導提拔。

丙申、丁酉、山下火：

淺見、自私、自我主義，謀略不足，重理論而忽略了理論最大致命傷，空洞。

戊戌、己亥、平地木：

智慧隱藏於內心，個性剛愎，倔強、恐有懷才不遇，處事有條理，時運格局好，可為國之棟樑。

庚子、辛丑、壁上土：

依賴性重，心理的事不會顯露出來，外人也猜不著，是有愛心，此愛心比較怪，自己的人和外人分別很大。

壬寅、癸卯、金泊金：

若想成功須有人加以督導，加以磨練，個性較柔，但不可論之柔弱，圓滑，此人有一特點，即適應能力很強。

甲辰、乙巳、覆燈火：

不喜出風頭，平常默默無聞，到需要才能顯示才華，有愛心，但不喜表現，到需要時才能奉獻自己，不得勢時如白天燈火，多此一舉。

丙午、丁未、天河水：

雨水，具愛心，但是否得志，以本身智慧性質定之。

戊申、己酉、大澤土：

人極大方，個性坦率，心大雖滿足，很好相處，此土厚大，不一定道德，心胸寬厚，要配合心性才能知道。

庚戌、辛亥、釵釧金：

外柔內剛，思想個性較文靜，但非斯文，若有才智常把才智埋藏於內心。

壬子、癸丑、桑拓木：

此木作用大，且愛心，卻失之被動，缺乏自主，行徑木訥，有錢時求助人多，求助者非幫助你，所以常在無法、不願抵抗的情形之下，失去自我作主。

甲寅、乙卯、大溪水：

心地略狹、私慾略重、現實、雖不陰沈，心機極重，反反覆覆。

丙辰、丁巳、沙中土：

長相清秀，極會利用時勢成事，心性好壞，都會走極端，變遷快，守成不易，成敗之間沒有定局，大多可承受祖上餘蔭，而另有成就，創新局。

戊午、己未、天上火：

戊午為太陽則剛，己未為太陰則柔，在午為公正、明朗、豪爽、充滿愛心、開懷的、心性不計較是非，在未則冷清、斯文、柔和、清雅、背後心情陰晴不定、喜出風頭、善惡極端。

庚申、辛酉、石榴木：

為潑辣型人物，心硬如鐵，木人石心。

壬戌、癸亥、大海水：

心甚大，善惡之別，常在一念之間，是為大善或大惡之人，以智慧心性定之。

四十三、預測二〇〇四年總統候選人的紫微斗數分析

陳水扁先生命盤

廉貞 貪狼 火星 天刑 辛巳 兄弟	巨門 文昌 3—12 壬午 命	天相 鈴星 陀羅 天空 13—22 癸未	天同 天梁 文曲 祿存 天馬 忌 23—32 甲申 福德
太陰 火星 科 庚辰 夫妻	庚寅年九月×日辰時生 陳水扁先生斗數命盤 陽男：木三局		武曲 七殺 天姚 羊刃 權 33—42 乙酉 田宅
天府 地劫 己卯 子女			太陽 祿 43—52 丙戌 官祿
右弼 戊寅 財帛 身宮	紫微 破軍 天魁 丑 疾厄	天機 左輔 戊子 遷移	56—62 丁亥 僕役

陳水扁先生紫微斗數分析，命宮坐巨門、文昌，官祿宮太陽化祿，身宮坐右弼，遷移宮坐天機、左輔。命宮巨門星屬癸水，化暗，主是非。巨門星也是數之末一切事物到了最後要做個評價，評定看看「是」或「非」。故巨門有蓋棺論定之意。也就是①干涉②口舌，兩種表現的方式，故巨門適合從事律師、外交家、老師、法官等以口評價事實的行業。

巨門、文昌、坐命，文昌屬陽金，主科甲，司文為能文之士，文昌為金，從戌出來，戌為火庫，金被火煉，已成鐘鼎之材，已成器，故文昌之人，個性剛直、性烈、文筆銳利。因命坐午宮屬火，有偏見。用腦過多，腦神經有點衰弱，宜加注意。

陳總統的斗數命盤有三個格局。

①皇殿朝班格。太陽會文昌於官祿宮，謂之皇殿朝班之貴，是代表元首或大臣，此元首以現代口語可以用長字輩來解釋，是一國之長，或院長，地方首長等等。

②日月反背。又名日月藏輝，日失輝於戌、亥、子，月失明於卯、辰、

巳。太陽星居戌、亥、子。太陰星居卯、辰、巳。謂之日月藏輝者：光明藏於內，熱情埋於心，此格者，六親緣較薄，自立成家，但若遠離家門，換個磁場，反主有成。反背者：該明不明，該暗不暗，晚上睡少，思想較獨特，心事放心頭，在愈繁忙、愈動亂、愈堅苦的環境裡，愈能造就他。

③石中隱玉格：巨門星在子、午兩宮安命無煞有吉，如加權祿更是，三合有吉星來會次之。此格者：白手成家，自立成業，在千辛萬苦中能脫穎而出。少年辛苦曾經過，一心志在四方，寂寞少人知。雞鳴一聲天破曉，明月千里送光來，但憑一翻肝膽志，頑石總會變玉石。

現在來分析陳水扁總統二〇〇四年大選是否連任。

大限走到僕役宮三方四正廉貞、貪狼、火星、天相、鈴星、地空、天府星等。大限丁亥、丁四化、太陰化祿、天同化權、天機化科、巨門化忌。大限僕役宮太陰化科、太陰又化祿，走到大限僕役宮，也是原命盤夫妻宮，化科代表：彼此有風度、清白、互勉、君子之爭。化祿代表：對朋友有義，人際關係順遂。大限子女宮是原命盤的福德宮天同化忌，因天同化權，使忌轉權更加有不服輸、爭強。天機化科在父母宮主和諧，有貴人。巨門化忌在大限疾厄宮也是原命。巨門化暗、主是非，祇要防小人，絕對不要有猜忌心與心結，大致沒有什麼問題的。因對宮天機化科可化險為夷。

小限走到原命盤官祿宮，化雙科加一祿。今年甲申年，太陽化忌。大致影響不大，流年走到福德宮甲申年、甲四化廉貞化祿、破軍化權、武曲化科、太陽化忌。廉貞化祿在大限遷移宮化祿，主在外發展順利，得貴人相助。破軍化權在流年僕役宮相挺主人能幹，有才華，能幫助我。武曲化科在流年父母宮，能得到親朋好友的相助，致於太陽化忌稍會影響，要注意臨時性的變化，如陰天或下雨天，會影響那些年紀較大的民眾或行動不便會影響投票。

至於三月二十日選舉，今年是閏二月，按紫微斗數超過中旬以下月論。二月是丁卯月，丁陰同機巨。巨門化忌在流月父母宮只要稍微溝通一下就沒有問題了。

總結論陳水扁總統今年的運勢，今年甲申流年運勢是不錯的，雖然沖犯太歲，但也能迎刃而解。紫微斗數是注重格局。今年有二個格局。

第一祿馬交馳且也在寅、申、巳、亥四馬之地，屬於勞而有功，像馬一樣的精神，日行千里。

第二絕處逢生。太微賦：「絕處逢生，生花而不敗。」絕處逢生應用在流年可解釋為破鏡能重圓，離而復合的含意。大限走到丁、亥五行屬土，十二長生「絕」於「申」，流年剛好走甲申年五行屬水，水之長生在「申」，長生有著生生不息的能源、氣勢，能使天同水，死而重生，所以只要持之以恆，堅持到底，最後一定是成功的。

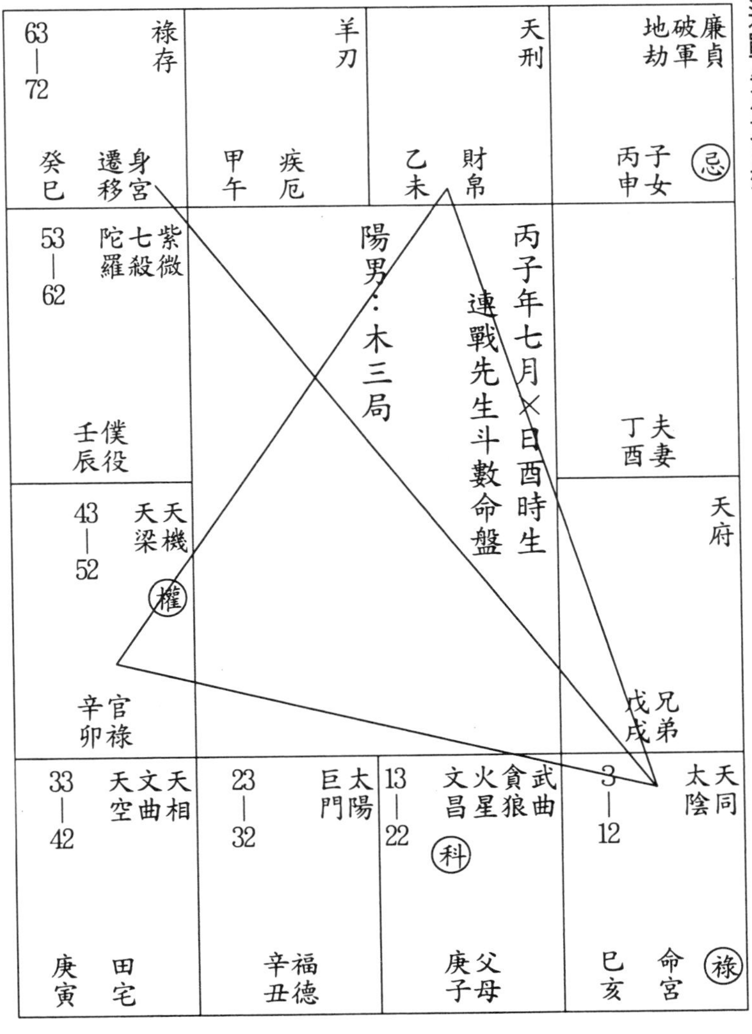
63—72
祿存
身宮
遷移
癸巳
羊刃
疾厄
甲午
天刑
財帛
乙未
廉貞
破軍
地劫
子女
丙申
忌
53—62
紫微
七殺
陀羅
僕役
壬辰
陽男：木三局
丙子年七月×日酉時生
連戰先生斗數命盤
夫妻
丁酉
43—52
天機
天梁
權
官祿
辛卯
天府
兄弟
戊戌
33—42
天相
文曲
天空
田宅
庚寅
23—32
太陽
巨門
福德
辛丑
13—22
武曲
貪狼
火星
文昌
科
父母
庚子
3—12
天同
太陰
命宮
己亥
祿

連戰先生命盤

連戰先生紫微斗數分析：命宮坐天同化祿、太陰，官祿宮天機化權、天梁、身宮坐祿存。命坐同陰三合構成機月，同梁作吏人的格局。「吏人」是代表現在的公務人員且有政治興趣，會參與黨政工作者，祿存有居身宮、命宮又化祿又構成雙祿朝垣格，太微賦：祿存居身命，一生食祿無缺而且富有。

天同、太陰星坐命的人，一般個性溫和，能隨遇而安，但有點固執，性外向、多疑、善嫉，有點潔癖，脾氣較烈，但不易表露出來。因太陰有斯文與內涵，有氣度，彬彬有禮。連先生還有第三的格局是月朗天門格：天門指的是亥宮（亥在後天八卦為乾位，乾為天，故曰天門）丙年生主富。且個性明朗，很好相處，人緣好，長相溫文儒雅。

現在分析連主席二〇〇四年總統大選是否輪替成功。大限走到身宮原命盤遷移宮成三方四正機月同梁的格局。也就是說，在這大限定會參加黨政參與工作是無庸置疑的。大限癸巳、癸四化，破軍化祿、巨門化權、太陰化科、貪狼化忌。破軍化祿在大限的田宅宮也是子女宮使忌轉祿，這是好的現象，也是代表除了靠自己外也要靠別人。例如，副手的運勢是否強運也是很重要的。巨門化權在福德宮，也是流年的僕役宮，正是說講話很有權威，引經據典，頭頭是道，說者有力，聽者信服。太陰化科在大限遷移宮，也是本命宮與遷移宮重疊，化科代表科名、穩定，有貴人相助。貪狼化忌在大限疾厄宮也是流年的事業宮稍有受困，付出較多，有隱憂，要盡量去克服它。

總結論連戰先生今年的運勢，今年是甲申年，甲廉貞化祿、破軍化權、武曲化科、太陽化忌。三方四正成殺破狼的格局。太微賦：「殺破廉貪俱作惡，廟而不陷掌三軍」這含意是代表不管它是凶星惡煞，祇要命坐強宮，且入廟旺之地而言，也會掌大權。

連主席的流年運走到甲申有廉貞化忌、破軍加天空、地劫，還好三方四正科、祿、權重逢，運勢還滿強的，唯一的缺點：天空、地劫二星對沖。「天空」是：半空折翅。「地劫」是：浪裡行舟。總而言之，選舉就是要加把勁，堅持到最後才能見真章。如果副手人選走的運也是天空、地劫，這樣就有互補作用而且能放空、負負得正，正是此言。

至於選舉在二月丁卯月三方四正科祿權重逢於大限之中，但大限十二長生坐「絕」地較辛苦，總而言之，還是要加把勁。

四十四、預測二〇〇四年總統候選人的姓名學分析

	陳 16	天格 16	土
	水 4	人格 20	水
外格 10 水	扁 9	地格 13	火
總格	29 水		

總格29數之人，自視頗高，做事負責，且律己頗嚴，腦筋反應靈敏，處

事果決，有領導能力，很容易在年輕時出人頭地。

以生肖學來說，阿扁是「庚寅」年生的屬「虎」，今年是甲申年沖太歲，祇要到廟宇走走，就能逢凶化吉。

照姓名學分析阿扁今年走到「扁」字，因一個字走二十年的運。「扁」九劃本人有秘訣，屢試不爽，而且很靈驗，「扁」五行屬「壬申」、「壬戌」五行屬水。天運「甲申」年屬水，走「比」運代表親朋好友人緣好，今年大選大有看頭。

姓名學裡面的六書、十二測心法、九宮、理氣數象，阿「扁」走到「扁」字大可發揮。以拆字學來說：扁（↗大戶 ↙欄杆）字→解析：如屬「虎」「寅」照理不能用，但虎關在舍中較安逸。

但今年甲申年走「扁」字是非常的好，理由是「甲申」年「庚寅」寅、申一沖「虎」沖破欄杆有蓄勢待發，補捉獵物的衝勁，祇要堅忍不拔，堅持到底，定能成功的。唯一要注意的老虎沖破欄杆，今年是甲申年，按字形字意，老虎一張口，不傷六親，傷自己。

天格 15 土
連 14
人格 30 水
戰 16
外格 2 木
地格 17 金
1
總格 30 水

總格30劃之人，為轉化運，在生命的過程中會有一次較大的困境，總是在危險的時候就是轉機，出現柳暗花明的轉化，就能一帆風順，成功名就。以生肖學來分析連戰先生是屬「鼠」的，「鼠」的地支是「子」，今年是「甲申」年，子、申半合水局。也是不錯的運勢。

唯一缺點是今年「甲申」年，連先生剛好走到「連」字，因每個字管二十年，今年甲申年，以生肖學來分析較不妥。

「連」字十四劃屬丁卯、丁巳五行屬火，水火相剋，所以，二〇〇四年的總統大選倍加辛苦。但是，危險的地方是最安全的。如果副手的運勢強，就有互補作用，勝算的機會也滿大的。

四十五、預測二〇〇四年總統大選是否易主？

己酉籤　屬土利在四季皆宜　吳漢殺妻

此事何須用心機
前途變怪自然知
看看此去得和合
漸漸脫出見太平

第三五籤（●●○ ●●●）

◉解曰

買男兒	不可	求財	六七分
出外	不好	大命	少不畏 老陰
作事	難成	失物	尋久即有
六甲	生男	功名	高中
歲君	輕吉	婚姻	好
官事	勝	求雨	不日到
年冬	中和	來人	辰未日到
移居	故里		

陳水扁先生占卜「己酉」籤卦為☳☷「雷地豫」由卦象可知「豫」就是

大象的意思。此上卦為「震」卦。它代表「動」，下面的「坤」是代表「順」，是「上動下順」的意思。「震」當做「雷」、「坤」是「地」的意思。綜合起來：春雷初現於草木萬物，受到陽光照耀，有生機而萌芽之融合之意。由卦象五個陰爻順從第四爻上的陽爻顯得快樂之象。

此卦代表得意，但絕對不能得意忘形，也不能不謹慎您的處事態度，例如對於目前的兩岸關係要慎重處理，此卦也是具有警告您不能太放縱的意味性存在。同時此卦也告訴您太大意即招致失敗。

前段是解卦象，現在來解籤詩。「己酉」籤五行屬土納音為「大驛土」利在四方，此土厚大、心胸寬厚、「土」屬寶聚要塞，不可掉以輕心。此籤乃提示當事人所煩惱的事情已經有轉機了。未來的變化已漸漸變好了。自然會知道必有太平的大好時光。

若以今年為「甲申」年五行納音屬「水」，今年大選是在國曆三月二十日星期六。農曆是二月三十日，雖然今年閏二月，但已交入三月的節氣。三月是「戊辰」月五行屬「木」，剛好春天屬「木」。套上八字，春「印」：

見甲「木生火」有功，得復明之壓，我身轉旺。因「甲申」年五行屬「水」、「戊辰」月五行屬「木」。「水生木」當然身轉強。只要持之以恆的推進，大可化險為夷。

甲午籤 屬金利在秋天宜其西方 **盧龍王次子招親**

風恬浪靜可行船
恰是中秋月一輪
凡事不須多憂慮
福祿自有慶家門

第四籤（●●● ●○○）

◎解曰

買男兒	好	移居	得安
出外	好	求財	少可
作事	成	疾病	平安
六甲	生男	失物	月光問得在
歲君	平安	功名	後科中秋自知分
詞訟	平安	婚姻	和皆月半成
年冬	先收八分	求雨	月末即到

連戰先生占卜「甲午」籤卦為☷☱「地澤臨」由卦象可知「臨」就是

「居高臨下」之意。也有居上統下的意思。同時也有「臨高望上」的正反意義。所以，潛意識有希望與願望的存在。上卦「坤」代表「地」：下卦「兌」代表「澤」是水的貯藏所在。也就是說：地面上的水流進池澤，使魚類當食物生生不息的延伸下去。「地澤臨」的卦簡單解釋是「喜悅與順從」。綜合起來就是：在下的人很高興「喜悅」把自己的意見往上反應與要求，在上順乎部屬的意見而給予恩澤，此如相得益彰。所以為「臨」卦。

占卜此卦，仕官成立，身上安定，上下親和，但不可賴勢暴進，需以和順始可奏功。不然反惹他人之妒忌，必招失敗。

前段是解卦象，現在來解籤詩。「甲午」籤五行屬「金」納音為「沙中金」利在秋天，個性堅定、踏實、突出，但需要加以協調與督導才能成功。「沙中金」的缺點是，柔弱不能合和。此籤乃提示：風浪已漸漸平靜，就像行船風浪已過一帆風順，如八月中秋那樣光明，圓滿皎潔，宜其自然，時來運開，自然喜氣臨門。

若以今年「甲申」年五行納音屬「水」，今年大選是在國曆三月二十日星期六。農曆是二月三十日，雖然今年閏二月，但已交入三月的節氣。三月是「戊辰」月五行屬「木」，剛好春天屬「木」。套上八字，春「比劫」：木多成林，葉燥根緊。且「甲午」鐵五行屬「金」，利在秋天，不宜春天。因金剋木之故。

陳水扁先生在二〇〇〇年民國八十九年天運歲次「庚辰」年當選總統。本人也幫它卜到「地澤臨」的卦當選的。那連戰先生今年也卜到此卦，有什麼不同呢？也許你會懷疑那連戰先會定會當選二〇〇四年總統。

現來分析為何阿扁先生會在二〇〇〇年當選總統原因何在？「地澤臨」是「甲午」籤，五行納音屬「金」，而「庚辰」年也是民國八十九年也是屬「金」。國曆三月二十日大多已交三月的節氣。「庚辰」年那年的三月份也是「庚辰」月，「金」旺喜比煞扶。所以時也，運也，命也。

大致卜到此卦「地澤臨」，如果沒有節氣旺令的刑剋。大運亨通，前途充滿光明與希望，但不能因此而驕傲，切勿得意忘形破壞大好時運。必須處處留意待人溫和與圓滿，絕不可輕浮失節，今年貴人在東南方多下點功夫，如能得到一切可安。大限、流年化忌太多，在這運限的三方四正，要有關懷心，也許會費行多心力，付出，但為求勝選，也要再接再勵，這樣才能得到人民的肯定。

三月二十日的總統大選陳水扁先生的運稍強一些，但連主席的運勢也滿強，各五五波。祇要打拼就會有好的成績。今年貴人方在東南方。

本預測確實在93年2月26日接到林虹余先生來稿，總統選舉投票日是3月20日，因編排作業關係，現今才出版，特此證明為「預測」稿。（大展出版社編輯部）

作者簡介

編著：林虹余，台灣省屏東縣人

曾任：高雄市命理研究會監事
高雄市命理學會紫微斗數學術委員

著作：1.六十甲子籤解秘訣 （王家出版）
2.綜合易卦姓名學 （大展出版）
3.手掌機密 （大展出版）

5.	開拓未來的他界科學	陳蒼杰譯	220 元
6.	世紀末變態心理犯罪檔案	沈永嘉譯	240 元
7.	366 天開運年鑑	林廷宇編著	230 元
8.	色彩學與你	野村順一著	230 元
9.	科學手相	淺野八郎著	230 元
10.	你也能成為戀愛高手	柯富陽編著	220 元
11.	血型與十二星座	許淑瑛編著	230 元
12.	動物測驗—人性現形	淺野八郎著	200 元
13.	愛情、幸福完全自測	淺野八郎著	200 元
14.	輕鬆攻佔女性	趙奕世編著	230 元
15.	解讀命運密碼	郭宗德著	200 元
16.	由客家了解亞洲	高木桂藏著	220 元

・女醫師系列・品冠編號 62

1.	子宮內膜症	國府田清子著	200 元
2.	子宮肌瘤	黑島淳子著	200 元
3.	上班女性的壓力症候群	池下育子著	200 元
4.	漏尿、尿失禁	中田真木著	200 元
5.	高齡生產	大鷹美子著	200 元
6.	子宮癌	上坊敏子著	200 元
7.	避孕	早乙女智子著	200 元
8.	不孕症	中村春根著	200 元
9.	生理痛與生理不順	堀口雅子著	200 元
10.	更年期	野末悅子著	200 元

・傳統民俗療法・品冠編號 63

1.	神奇刀療法	潘文雄著	200 元
2.	神奇拍打療法	安在峰著	200 元
3.	神奇拔罐療法	安在峰著	200 元
4.	神奇艾灸療法	安在峰著	200 元
5.	神奇貼敷療法	安在峰著	200 元
6.	神奇薰洗療法	安在峰著	200 元
7.	神奇耳穴療法	安在峰著	200 元
8.	神奇指針療法	安在峰著	200 元
9.	神奇藥酒療法	安在峰著	200 元
10.	神奇藥茶療法	安在峰著	200 元
11.	神奇推拿療法	張貴荷著	200 元
12.	神奇止痛療法	漆 浩 著	200 元

・常見病藥膳調養叢書・品冠編號 631

1.	脂肪肝四季飲食	蕭守貴著	200 元

2.	高血壓四季飲食	秦玖剛著	200 元
3.	慢性腎炎四季飲食	魏從強著	200 元
4.	高脂血症四季飲食	薛輝著	200 元
5.	慢性胃炎四季飲食	馬秉祥著	200 元
6.	糖尿病四季飲食	王耀獻著	200 元
7.	癌症四季飲食	李忠著	200 元
8.	痛風四季飲食	魯焰主編	200 元
9.	肝炎四季飲食	王虹等著	200 元
10.	肥胖症四季飲食	李偉等著	200 元
11.	膽囊炎、膽石症四季飲食	謝春娥著	200 元

・彩色圖解保健・品冠編號 64

1.	瘦身	主婦之友社	300 元
2.	腰痛	主婦之友社	300 元
3.	肩膀痠痛	主婦之友社	300 元
4.	腰、膝、腳的疼痛	主婦之友社	300 元
5.	壓力、精神疲勞	主婦之友社	300 元
6.	眼睛疲勞、視力減退	主婦之友社	300 元

・心 想 事 成・品冠編號 65

1.	魔法愛情點心	結城莫拉著	120 元
2.	可愛手工飾品	結城莫拉著	120 元
3.	可愛打扮 & 髮型	結城莫拉著	120 元
4.	撲克牌算命	結城莫拉著	120 元

・熱 門 新 知・品冠編號 67

1.	圖解基因與 DNA	（精）	中原英臣主編	230 元
2.	圖解人體的神奇	（精）	米山公啟主編	230 元
3.	圖解腦與心的構造	（精）	永田和哉主編	230 元
4.	圖解科學的神奇	（精）	鳥海光弘主編	230 元
5.	圖解數學的神奇	（精）	柳 谷 晃著	250 元
6.	圖解基因操作	（精）	海老原充主編	230 元
7.	圖解後基因組	（精）	才園哲人著	230 元

・武 術 特 輯・大展編號 10

1.	陳式太極拳入門	馮志強編著	180 元
2.	武式太極拳	郝少如編著	200 元
3.	中國跆拳道實戰 100 例	岳維傳著	220 元
4.	教門長拳	蕭京凌編著	150 元
5.	跆拳道	蕭京凌編譯	180 元

國家圖書館出版品預行編目資料

斗數畫人生／林虹余著
一初版——臺北市，大展，民93
面；21公分—（命理與預言；72）
ISBN 957-468-339-7（平裝）
1. 命書
293.1　　　93017003

斗數畫人生

ISBN 957-468-339-7

著 作 者／林 虹 余
發 行 人／蔡 森 明
出 版 者／大展出版社有限公司
社　　址／台北市北投區（石牌）致遠一路2段12巷1號
電　　話／(02) 28236031・28236033・28233123
傳　　真／(02) 28272069
郵政劃撥／01669551
網　　址／www.dah-jaan.com.tw
E-mail／service@dah-jaan.com.tw
登 記 證／局版臺業字第2171號
承 印 者／國順圖書印刷公司
裝　　訂／協億印製有限公司
排 版 者／千兵企業有限公司
初版1刷／2004年（民93年） 12月

定　價／200元

大展好書 好書大展
品嘗好書 冠群可期

大展好書　好書大展
品嘗好書　冠群可期